潜能

THE
POLYMATH
Unlocking the Power of
Human Versatility

［英］
瓦卡斯·艾哈迈德
（Waqās Ahmed）
— 著 —

唐奇
— 译 —

中国人民大学出版社
·北京·

序

纪念博学的典范列奥纳多·达·芬奇逝世500周年。

达·芬奇，万能之人（uomo universale），是大多数人心目中博学的典范。

绘画、雕塑、建筑、舞台设计、音乐、军事和土木工程、数学、静力学、动力学、光学、解剖学、地质学、植物学和动物学——达·芬奇在所有这些学科的造诣都足以载入史册。其中许多领域的专业人士都在他们自己身上看到达·芬奇的影子，把达·芬奇当成他们的偶像。

瓦卡斯·艾哈迈德这本书（此处指原书——译者注）的封面用的是达·芬奇的《维特鲁威人》(*Vitruvian Man*)，真是再合适不过了。达·芬奇根据维特鲁威（Vitruvius）在《建筑十书》(*The Ten Books on Architecture*)中的描述，描绘了一个伸展四肢的人体——同时分别被嵌入一个矩形和一个圆形当中。这是达·芬奇对人类、世界和宇宙本质上的同一性的视觉礼赞。这幅画经常在广告和其他宣传材料中出现，有了它的加持，本来平平无奇的东西也会显得很有深度。不过，这幅画正是艾哈迈德这本书核心主旨的体现。

鉴于我们现在习惯于将各种各样的理论和实践探索分门别类，我们从达·芬奇身上看到的更多是多样性，而他自己看到的则是统一性。这种统一性是现实世界基本架构的统一，遵循的是"数学原理，也就是计算和测量（即算术和几何），是用极致的真理解释连续和不连续的性质"。在世间万物千姿百态的表现形式的背后，有一套连贯、一致的法则。依据自然法则，形式与功能相适应。这些普遍规律可以从光的行为、固体和流体的运动、人体的结构，以及每一种涉及运动的现象中推断出来，无论是作为过程还是作为结果。举例来说，达·芬奇认为水的漩涡和头发的卷曲体现出同样的规律。我们现在认为前者属于动力学，后者属于静力学。他跨越了我们现在给不同的知识分支划分的边界。我在近作《与达·芬奇同行》（*Living with Leonardo*）中阐述了达·芬奇的统一性思想，本书则介绍了达·芬奇的人生轨迹：从获得科学学位，到创作出全世界最昂贵的艺术品之——《救世主》（*Saviour of the Cosmos*）。

作为博学的数学天才，达·芬奇可能是一个特例，但我相信，大多数博学家能够从多样性中比我们看到更多的统一性。他们更善于看到关系、类比、共性、亲缘关系、相关性、潜在的因果关系和结构上的统一性。当然，在现代社会，让一个艺术家去做专业工程师的工作是很困难的——在中世纪这可能行得通，不过也不常见。今天我们都会注意到，需要跨越的专业边界处于重重戒备之下。19世纪的人们锲而不舍地建立起一套制度结构，明确地划分了这些边界。它们的目的就是让外面的人进不来，让里面的人出不去。海量的专业知识证明了专家的地位，术语和缩写制造的重重障碍保卫着专业的领地。现代社会的确非常需要学科，但是对于学科以外的人来说，学科构成了阻碍他们的壁垒。

现代社会中，涉猎广泛、博学的人很可能面临着"肤浅"和"业余"的指责。我们都听过这种说法，博学家是"博而不精"的人。但这句话还有下半句："博而不精，总比什么都不懂强"。在艺术和科学领域，许多伟大的创新都是在将外部智慧引入已经故步自封的学科时产生的。物理学家和化学家的到来改变了DNA时代的生物学。16世纪的哥白尼式革命是由美学概念的创新驱动的。1905年，爱因斯坦以令人惊叹的简洁方式写下了关于空间、时间和能量的设想，凭借的是发自内心的直觉，而不是对既有的现代天文学和物理学进行全面的审视。他是一个设法置身事外的局内人。

当然，在缺乏应有的尊重和谦逊的前提下，涉入别人的领域品头论足是危险的。我从对达·芬奇的研究中发现了这一点。现代的专业人士，比如说工程师，以为他们能够通过他们狭隘的知识理解达·芬奇，将他定位为一个"领先时代的人"，放在现代世界的背景下去解释，结果就是他们曲解了达·芬

潜 能

奇。艺术家大卫·霍克尼（David Hockney）也有类似的发现。他指出，长期以来，画家都在利用光学设备帮助他们描绘自然——我非常同意这种观点。这为现代光学领域，至少是透镜领域的专家打开了大门，他们本来是不会对早期光学设备和当时的摄影技术感兴趣的。在总结过去时，我们要警惕现代的傲慢。

真正的博学家融合了百折不挠的理想、坚定的决心、丰富的想象力，以及包容和谦逊，是独一无二、可遇而不可求的。现在和达·芬奇所处的时代已经不一样了。但是，人类若要继续生存与发展，就必须培育一种相互理解的文化，因此，跳出思维定式、换个角度看问题，变得比以往任何时候都更加重要。

马丁·肯普（Martin Kemp）
牛津大学艺术史名誉教授

前言

人类一旦获得了新体验，便永远不会回到从前。

——老奥利弗·温德尔·霍姆斯

（Oliver Wendell Holmes Sr.）

我感兴趣的是追求极致的理想生活。也就是说，尽一切可能度过最丰富、最充实的一生。因此，本书提出了一种新的思维方式，同时也是一种新的存在方式、一种新的生活方式——可能已经有一些自诩懂得更多的人告诉你什么才是所谓"正常"的方式，但本书的提议与他们不同。本书要将你的心灵从现有范式中抽离出来，让你造访历史和可能性的国度，就像灵魂出窍。它要求你从有意识地用心生活开始，找到潜能所在，经常性地思考目标与联系、整体与个别、哲学与实践等问题，只有这样，你才能成为"完全"的你。

没有人委托我写本书。这本来纯粹是我个人的精神之旅，直到最近我才意识到这件事太重要了，必须与全世界分享。本书的创作过程是一系列经验——身体的、情绪的、智力的、精神的、等等——的交织，对于正在讨论的主题，每一种经验都赋予我独特的见解。

归根结底，你的经验决定了你是谁。随着时间的推移，你的每一个想法、每一种情绪和你摄取的所有知识，都将以潜移默化或彻头彻尾的方式影响你对事物的看法。这不仅是直观的推测，也是神经科学上的事实。你的进化本能地体现在你的神经连接——每个人的大脑独有的、复杂的且不断变化的回路中。我在撰写本书的过程中，有些时候需要主动出击，有些时候需要被动应对。除了间歇性的几个阶段，我没有让自己"沉浸"在这个主题中。完全沉浸其中可能会带来狭隘专业化的风险，而这正是本书要极力避免的。伴随着这种意识，我在五年时间里，让来自生活中方方面面的知识与我脑海中既有的素材融合、碰撞、建立联系。直到最后，我对本书的方法、结构、内容和结论持开放的态度。

我看到了蝴蝶效应是如何发挥作用的，每一个想法、观点或事实，都从根本上改变了上一个的地位和性质（甚至将其完全抹杀）。我开始理解思想和观点的动态流变。我没有因循常规的方法，从一个论点出发，寻找论据支持。相反，自始至终，本书是一趟探索之旅，在任何一点上，都在揭示对思想和世界的洞察，有时候还会改变原来的看法。

过去五年中，我受到的"教育"远远超过了我的整个中学和大学生涯。正是在这段时间里，也就是30岁之前这几年，

前　言

我撰写了本书的大部分内容。我从来没有意识到，作为第一本关于这一主题的英文作品，它要担负多么重大的责任。我在书中引经据典，囊括了来自先知、圣人、科学家、历史学家、哲学家、艺术家、学者的广泛见解，既有理论的，也有实证的。由于年龄和见识所限，我非常依赖他们的智慧，我所做的就是去组织、综合和融会贯通。

在阅读本书的过程中，一些评论家可能迫切地想把我的研究方法与他们熟悉的东西联系起来，这样他们就能知道"我是从哪儿来的"：他是一个传统的后现代主义者，还是一个尼采学派的透视主义者？他采用的是庄子的道家学说还是耆那教徒（Jainist）的非绝对论？他属于伊本·赫勒敦（Ibn Khaldun）学派还是安萨里（Al Ghazali）学派？以上答案都对，又都不对。和后现代主义一样，我的思想像一头难以制服的野兽；但是又和后现代主义不一样，我承认真理或终极现实的可能性，并且相信人们可以通过多种方法去追求和体验它。通过这种方式，我没有像大多数后现代主义者、东方学家和唯物主义者那样，将其他文化和世界观简化为某种简单的心智结构——那样做实际上是间接地贬低了它们。如果说本书有什么价值的话，就在于它鼓励人们把思想（甚至个人）本身看作混合的、微妙的、多面的构造，而不是自动将其视为某个既定类别的成员。

鉴于这个主题是如此微妙，我知道，要真正去探索它，未来学家和历史学家一样重要，神秘主义者和理性主义者一样重要，会讲故事的人和学者一样重要，实干家和思想家一样重要。我运用了一切必要的方法和工具。本书存在的意义既是启迪思想，也是召唤行动。我希望作为读者的你能够沉浸在本书为你创造的世界中，认真思考书中的内容，将其与你既有的知识融会贯通，并应用于你自己的生活，从而将其存储在长期记忆中，以备在将来的思考中运用。这就是内化的过程，没有这个过程，知识就无法发挥其最重要的作用：充实人的心灵。

本书为我的未来描绘了一幅蓝图。任何认识我的人都能看到，我在生活中将书中提出的思想和生活方式付诸实践；我在各个领域的工作既影响了本书的创作过程，也受到本书创作过程的影响。但这已经不是我个人的事了。更重要的是你们：你们准备好了开启你们的自我实现之旅。

我很清楚，本书出版以后，我会在人生的不同阶段时常回顾它——每次都作为一个不同的人，带着不同的理解。如果我学习了普通话、跟一个萨摩亚部落一起生活过、学习过动物学、会弹鲁特琴，并且参加过三项全能运动，重温本书时我一定会有不同的感受，或许也会有所进步。当我有了足够的内容想要补充或修改时，我可能会修订它，或者在它的基础上再出一本新书——又或许会有其他更有资格的人比我做得更好。

这个主题的复杂性意味着，对它的研究和探讨必然是一个持续的过程,不可能一蹴而就。正如列奥纳多·达·芬奇所说的:"艺术从来没有完成,只有被放弃。"我当然没有达·芬奇的权威,也不敢把本书当成艺术,不过出于同样的考虑,我要就此搁笔了。

目录

|第 1 章| **引言** // 001

|第 2 章| **永恒之人** // 009

赞助人 // 015

外行人 // 018

女性 // 020

"他者" // 024

鼓励 // 027

"专家"的迷思 // 030

|第 3 章| **世界的塑造者** // 033

领袖 // 035

拥立国王者 // 041

革命者 // 047

知识分子　//　056

教育家　//　061

神秘主义者　//　067

探险家　//　070

科学家　//　074

艺术家　//　079

企业家　//　086

人道主义者　//　089

| 第 4 章 | **专业崇拜**　//　093

专业化的发展　//　096

现代教育危机　//　106

员工的幻灭　//　109

工作与生活平衡　//　113

生存　//　115

21 世纪的复杂性　//　119

机器智能与人类的关系　//　123

| 第 5 章 | **思想变革**　//　127

个性　//　129

目 录

好奇心 // 143

智力 // 163

多才多艺 // 172

创造力 // 193

统一性 // 209

变革 // 226

| 第 6 章 | **系统变革** // 229

社会 // 230

教育 // 236

职业 // 246

为未来编程 // 269

| 第 7 章 | **21 世纪的博学家** // 273

颠覆者的先锋 // 274

与当代博学家对话 // 277

| 第 8 章 | **未来的主人** // 301

第 1 章

引言

潜　能

她虽然是个出身贫寒的黑人，但从 20 世纪 50 年代美国种族歧视的大环境中脱颖而出，成为民权运动的关键人物。她身处斗争的核心，是一名杰出的运动组织者，在马丁·路德·金（Martin Luther King Jr.）和马尔科姆·X（Malcolm X）遇刺之前为他们工作过。即使在历史性的《1964 年民权法案》（Civil Rights Act of 1964）颁布之后，这个年轻的激进分子仍然战斗在争取社会公正和妇女权利的最前线。

出于对社会事务的强烈兴趣，她成为一名环游世界的记者，先是为开罗的《阿拉伯观察报》(*The Arab Observer*) 工作，然后为阿克拉（Accra）的《加纳时报》(*Ghanaian Times*) 工作。她的足迹遍布全世界，这满足了她对语言的好奇心，她逐渐通晓了欧洲、中东和西非的多种语言。到了晚年，她成为研究非洲—美洲事务的杰出历史学家，拥有 30 个荣誉博士头衔，是美国一所知名大学的教授。

这条跨越政治、新闻、历史和语言领域的职业路径令人叹服，不过倒也不值得大惊小怪。但是如果我告诉你，这位年轻的女士还是一位卡利普索（Calypso）职业舞者、托尼奖提名女演员和受欢迎的电影导演，写出过一部获得普利策奖提名的剧

第 1 章 引言

本,你还会这样想吗?而所有这些还不是让她享誉世界的最主要原因。

她最重要的身份是一位文学巨匠:一位家喻户晓、有口皆碑的诗人、剧作家和小说家,写过 30 部畅销小说和非虚构作品。她出版了多卷诗集,获得了普利策奖提名,在美国的非洲裔女性中特别受欢迎。人们在现代历史上的许多重要场合都引用过她的作品,比如美国总统的就职典礼、迈克尔·杰克逊(Michael Jackson)的葬礼和联合国成立五十周年庆典。她的多卷本自传可以说是她最重要的作品,为理解 20 世纪非洲裔美国人的经历做出了杰出的贡献。是的,我们说的一直都是同一位女士!

出于敬仰,我联系了她,恳请她接受采访。遗憾的是,时隔不久她就去世了。这位女诗人、剧作家、作者、歌手、作曲家、舞蹈家、演员、电影制作人、记者、通晓多种语言的语言天才、历史学家和活动家就是伟大的玛雅·安吉洛(Maya Angelou),像她这样博学多才的人在今天的社会中屈指可数。

本书的目标是说明我们都有巨大的潜能可开发,但这需要一场心智上的认知革命。这将由打破认知藩篱的博学者来引导。对于这类人,最简明的定义是:

> 多才多艺的人,精通多个看似互不相关的领域。

这是表面上的定义。换句话说,博学家进行多维度思考,在最完整、最全面的意义上追求卓越和自我实现。怀着这样一种心态，他们拒绝将毕生精力投入某一个专业领域，而是同时或先后，通过思想或行动，追求在旁观者看来似乎互不相关的多个目标。深邃的思想和丰富的阅历使他们成为独一无二的人。就这样，他们塑造了我们的过去，还将拥有我们的未来。本书将解释其中的原因。

可能有人会拿标准的智人在神经生物学上的区别来做文章（我们知道，人类的行为和人格，与大脑的体积和结构之间存在关联），但我们这里所说的"人种"在很大程度上只是一种比喻。那么，谁才是真正的博学家？虽然有很多多才多艺的人在不同领域取得了不同程度的成功，但一个涉猎广泛的人能否成为一个真正的博学家，取决于他到底涉足了多少领域，以及对每一个领域的精通程度。

让我们以19世纪的意大利著名冒险家贾科莫·卡萨诺瓦（Giacomo Casanova）为例。25岁时，他的职业生涯已经异彩纷呈：他当过出庭律师、威尼斯军队的士兵、圣塞缪尔（San Sanuele）剧院的小提琴手、职业赌徒、威尼斯贵族的家庭医生和罗马的神职人员。在经历了一系列的丑闻、监禁、逃亡，继而环游欧洲、结交权贵之后，他成了巴黎贵族圈子中有名的炼金术士；他给法国政府当过间谍，将博彩方案卖给欧洲各国政府，后来又在瓦尔德施泰因伯爵（Count Waldstein）家中担任图书管理员；他在波希米亚度过了人生中最后的岁月，在那里

第1章 引言

他用女性笔名写下了他著名的回忆录。多么丰富多彩的一生！但是多面出击的卡萨诺瓦称得上一位博学家吗？如果他不符合标准，那么是因为他涉猎太广，在大多数领域都没有做出真正的贡献吗？

再来看看美国骗徒费迪南德·沃尔多·德马拉（Ferdinand Waldo Demara）。20世纪中叶，他在漫长的职业生涯中扮演过多种角色。他没有正规的资质，靠招摇撞骗（事实上却很成功）当过随船医生、土木工程师、副警长、助理监狱长、应用心理学医生、护理员、律师、育儿专家、本笃会（Benedictine）[①] 和特拉普会（Trappist）[②] 的修道士、报纸编辑、癌症研究专家和教师。他是一个千变万化的人；但是他具备成为一个博学家所需要的领域深度和广度吗？

从字面意义上说，博学家（polymath）通常需要精通至少三个看似互不相关的领域（"poly"的意思是两个以上）。但是在现实中，一个人"精通"某个特定领域是一种相对的说法。就像"幸福"、"成功"和"智慧"一样，"成就"通常是一种主观状态，有各种各样的形式。不过，传统上，成就通常表现为以下指标中的一项或多项：评论界的赞誉、大众的认可、经济上的成功、作品的出版或展出、获得资格认证或奖励、具备被证明的技能和经验。但是，在看待博学家时，仅从专业或学

[①] 一个天主教隐修院修会，公元529年由意大利人本笃创立。——译者注
[②] 一个严格遵行本笃会会规的天主教修会。——译者注

科的角度来评价成就是一种非常狭隘的方式。一个人远不止是他的"职业"或专业领域。多面性有各种形式。所以,真正的博学性是一种更具实质性和整体性的心态和方法,我们稍后将继续探讨这个话题。

无论如何,我们必须注意不能滥用"博学家"的标签;多才多艺和成为真正的博学家之间是存在区别的,正如聪明人和真正的天才之间存在区别一样。一个多才多艺的人不一定能在相应的领域里充分利用自己的才能,也不一定能取得成果。不过即便如此,很少有人意识到,这个称号适用于许多不同类型的人,包括那些以前不被认为是博学家的人。

正如前面提到的,不管怎么说,成为博学家的先决条件都是拥有"跨领域的卓越才能"。那些最伟大、最有影响力、最大限度地实现自我的博学家,本质上都是追求自我、纵览全局、能够在事物之间建立联系的人。他们智力超群,总是充满好奇,拥有惊人的创造力。

当然,每个人生来都有多方面的潜能。那么,为什么家长、学校和雇主一定要限制我们的天赋和兴趣,坚持让我们专攻一个领域呢?我们都被灌输了一个神话——"专业化"是追求真理,甚至安身立命的唯一途径。但是,专业化只不过是一套过时的系统——助长了无知、剥削和幻灭,阻碍了创新、机会和进步。

在与全世界最伟大的历史学家、未来学家、哲学家和科学

第 1 章 引 言

家进行了一系列交流之后，本书将历史叙事和未来展望交织在一起，试图打破这种大行其道却毫无根据的"高度专业化"系统。实际上，本书将证明，真正的专家都应该是博学家。

还有另外一种思考和存在的方式。通过一种理论与实践相结合的方法，我们将开启一场认知之旅，重新发现和解锁你与生俱来的博学性。进一步说，本书要对我们的教育和职业结构展开一场文化变革——鼓励每个人发挥多方面的潜力，全方位地展现自己。这样不仅能够提升个人的满足感，而且有助于建设一个兼具自觉性和创造性的社会，以便我们做好充分的准备，积极应对 21 世纪的复杂挑战。

为了引导读者踏上这段旅程，本书采用了一种非常特殊的结构。首先，我们要明白，在不同的时代和不同的社会中，博学家始终存在。实际上，世界历史上一些最有影响力的人物都是博学家，这些人在塑造当代世界的过程中发挥了至关重要的作用。记住这一点尤为重要，因为今天我们生活在一个高度专业化的社会中，这个社会不鼓励（几乎是打压）博学家，甚至不让人们记得他们的存在。虽然有特定的少数人对现状感到满意（这些人很高兴将专业化作为一种分而治之的控制工具），但是这样做的代价是牺牲人类成就、知识自由和社会进步。

最重要的是，未来，除非我们能够使自己发展成对地球不可或缺的物种，否则智人终将消失。随着机器智能和所谓技术奇点的逼近（更不用说迫在眉睫的核能、环境和经济灾难），世界已经别无选择，只能期待博学家的复兴；只有这个多面的、复杂的、富于创造性、多才多艺和独一无二的人种，才能在极端复杂、高度自动化、超级智能的未来拥有一席之地。

那么应该怎么办呢？首先，我们必须转变思想，像博学家一样思考和行动。历史上已经有无数博学家为我们总结出一套行之有效、永不过时的策略和方法。其次，我们必须识别出那些仍然在世的博学家，从他们身上吸取经验，从而释放我们自己的博学潜能，抵制高度专业化的系统对我们的禁锢。

最后，我们必须改变系统本身——流行文化、课程和教学方法、社会结构、组织机构、工作环境，以及一般意义上的世界观。我们要用一套新系统取而代之，培养和鼓励博学的头脑和行为，迎接全新的博学一代。只有这些富于创意、自我实现的头脑，才能掌控未来，引领人类走向进步的明天。这需要一场变革，一场既是认知上的也是文化上的变革；接下来的章节旨在唤醒你的意识，让你也加入这场变革。

让我们从一开始就明确一点：博学家不是某个排外的俱乐部、阶层或社团，每个人都有可能成为博学家。事实上，"成为"或许不够准确，更准确的说法应该是"回归"。我们天生都是多面手，这种特性在童年时代表现得格外明显；成年以后还能否保持这种状态，取决于文化、教育、政治和经济方面的影响。因此，对于个人来说，成为博学家是从本质上忠于你的原始自我，是唤醒你沉睡的心灵，解锁你隐藏的潜力。

第 2 章

永恒之人

潜　能

博学家与智人本身一样古老。在反复无常的大自然面前，早期人类只有有限的知识，却面临着巨大的机遇和挑战，因此需要多方面的才能和创造力。动物学家和人种学家德斯蒙德·莫里斯（Desmond Morris）在他的畅销书《裸猿》（*The Naked Ape*）中明确指出，人类天生是所有动物中最不专业化、最能适应环境、最机会主义的。所以，著名历史学家菲利普·费尔南多-阿梅斯托（Felipe Fernández-Armesto）提出的假设也就不足为奇了："越向前回溯，博学家就越多，因为直到不久以前，人们还在'以永恒的观点看待事物'，没有明确的领域划分，一个领域的专家不会被禁止对另一个领域产生兴趣……一个占星师也可以是医生和猎人，他适合做什么就能够做什么。"

在这样的原始社会中，大多数人必须成为"实用通才"——也就是说，人们要广泛获取对生存有实用价值的知识和技能。这通常意味着，一个人要有植物学家或医生的知识（知道哪些植物是有害的，哪些植物能够治病或可以食用），要有猎人的技能（为自己和家人提供食物），要有建筑师或工程师

第 2 章 永恒之人

的创造力（在正确的地点、用正确的材料建造安全的房屋或栖身之所），还要有艺术家的心灵（通过游戏、表演和视觉艺术作品为家人或部落提供灵感和娱乐）。没有劳动分工，每个人都是多面手。

当然，每个人都有独特的优势和强项，这些一技之长都是得到承认和鼓励的，也会被家庭、社会或部落善加利用。社会必然朝着功能主义的方向发展。但是，没有证据表明存在一种终身专业化的文化。从传统社会开始，对于早期文明的建立以及由此产生的"高雅文化"来说，博学家就是不可或缺的，古代历史上最伟大的艺术和科学成就都有他们的功劳。畅销书作家和历史研究者格雷厄姆·汉考克（Graham Hancock）以埃及和中美洲的金字塔、伊拉克的亚述古庙塔（ziggurats）[①]、克里特岛的克诺索斯（Knossos）宫殿、希腊大陆的迈锡尼（Mycenae）要塞、印度哈拉帕（Harappa）和摩亨佐·达罗（Mohenjo-daro）的网格状城市等古代建筑为例，指出这些伟大的建筑本身就证明了它们的建筑师是博学家：

> 观察古人的成就，你会发现只有博学家才能创造它们。即使没有相关个人的生平传记，我们也能够从他们的工作中推断出来，即他们不是一个高度专业化的专家团队，而是一群精通许多不同领域的人。

---

① 古代苏美尔人建造的祭奠神祇的神庙。——译者注

潜　能

印和阗（Imhotep）就是一个最好的例子。他是塞加拉（Saqqara）阶梯金字塔的建筑师和有历史记载的第一位博学家。大多数历史学家认为印和阗与古埃及第三王朝最著名的法老左赛尔（Djoser）生活在同一时代。印和阗是一个平民，接受的是相对自由的教育。他的传记作者说他"成长为一个博学多才的人，是一个亚里士多德式的天才，把所有的知识都当作自己的领域"。他很快就展示出全面的天才，于是平步青云，最终引起了左赛尔本人的注意。正是与法老的亲密关系，让印和阗拥有了充足的资源去探索多方面的兴趣，这让他的才能有了用武之地。

印和阗得到了左赛尔的赏识，被任命为维齐尔（vizier）。这个职位承担着跨越多个领域的职责，正好能让他大显身手。他的管辖范围"扩展到国家的各个部门"，包括"司法、财政、战争（陆军和海军）、内政、农业和行政"。这就相当于21世纪的首相或首席执行官。历史学家给出了许多例子，证明印和阗在经济、外交关系和公众参与等领域所具有的娴熟的政治才能。

位高权重的印和阗有条件从事超越传统职责的活动。对博学的渴望使他在建筑、医学、灵性、科学、诗歌和哲学等诸多方面的天赋得到了充分发挥。作为工程师和建筑师，印和阗取得了惊人的突破成就。印和阗因最早在建筑中使用圆柱而闻

第 2 章 永恒之人

名。他在塞加拉地区建造了许多作品。由于他在设计、创作和使用石材方面的非凡造诣，左赛尔委派他设计塞加拉的阶梯金字塔。这个宏大的项目不仅展示了印和阗作为建筑师的能力，还表明他是一名出色的雕塑家、天文学家和发明家。他设计的左赛尔金字塔是世界上第一座规模如此巨大的纯石造建筑。这座惊人的石头金字塔高 200 英尺，在当时的建筑界掀起了一场革命，并为埃及历代王朝开创了先例。此外，罗伯特·博瓦尔（Robert Bauval）等研究者认为它是"一部用石头写成的天书"，其中隐藏着天体排列的奥秘。

作为医生，印和阗同样做出了开创性贡献。据说，他发现并治愈了超过 200 种疾病，撰写了大量医学论文。他被认为是纸草书卷的发明者和《艾德温·史密斯纸草文稿》（*Edwin Smith Papyrus*）的作者——这是一部具有里程碑意义的医学论文集。其独特之处在于，其中没有超自然的概念，而是介绍了一系列解剖观察、症状和疗法，包括用蜂蜜涂敷伤口和用生肉止血。印和阗作为一名经验丰富、勇于创新的医生享有崇高的声誉，他的成就甚至在他死后的几个世纪里为他赢得了半神的地位。医生威廉·奥斯勒爵士（Sir William Osler）称印和阗是真正的"医学之父……第一个从古代迷雾中清晰地显现出来的医生形象"。希波克拉底誓言（Hippocratic oath）中提到了希腊医神阿斯克勒庇俄斯（Asclepius）——所有医生在从业之前都要向他

潜 能

宣誓——希腊人将印和阗与他联系起来。由此可以看到印和阗在医学领域的历史贡献。

除此之外,印和阗还有许多重要身份,包括担任终身大祭司。他曾主持祭祀仪式和法老的葬礼等宗教活动,经常代表国王(王国的最高祭司)出席各种活动。能够有这么高的地位,他必须拥有与之相匹配的技能,如此才能受到足够的尊重。印和阗在哲学和诗歌领域也有所建树。诗歌中经常提到他的思想,比如"我已听到印和阗和霍德德夫(Hordedef)的话,他们的讲话经常被人们提起";许多谚语也被认为是他原创的,包括著名的"尽情地吃喝享乐吧,因为明天我们可能就死了"。他是如此多才多艺、成就斐然,这不能不让与他同时代的人惊异,他们认为这可能是神性的表现。印和阗成为唯一被奉为神的普通人,他的名字被雕刻在法老雕像的基座上。

印和阗不仅是医生、建筑师和天文学家,还是祭司、发明家、诗人、哲学家和政治家,为埃及的社会和文化做出了巨大的贡献。他是有历史记载的最早的博学家之一。根据他的墓志铭,他的官方头衔包括:

> 埃及国王的宰相、医生、埃及国王之下的第一人、皇宫的管理者、世袭贵族、赫利奥波利斯(Heliopolis)的大祭司、建筑师、首席木匠、雕塑家和花瓶制造者。

第 2 章 永恒之人

赞助人

大多数情况下,像印和阗一样,历史上的博学家都有一个平台,即某种社会地位或专业地位,给他们提供在多个领域进行探索的机会。他们的工作本质上允许(有时候是要求)他们成为博学家。一个典型的例子就是廷臣,这种平台形式在历史上屡见不鲜。知识分子和艺术家在宫廷中担任顾问、行政人员或演员。繁荣、活跃的宫廷不仅吸引了博学家,还制造了一种气氛——鼓励各种才艺和天赋蓬勃发展。廷臣被授予重要的职位,并依赖于君主的赞助。他们当中有些人天生才华横溢,因而受到赞助人的青睐和鼓励;有些人则是出于偶然,受命完成不同领域的项目,并在这个过程中显露出多面的才华。

在西方历史上,这种宫廷文化的原型存在于文艺复兴时期的意大利。巴尔达萨尔·卡斯蒂廖内(Baldassare Castiglione)在他的《廷臣论》(*Book of the Courtier*)中提出了"完美廷臣"的理想形象:"他〔廷臣〕拥有在一切合理的事情上为他们〔王子〕服务的知识和能力。"重要的是,皇室赞助人不介意委托同一个人完成各种互不相关的任务,因为在他们看来,信任一个人的综合能力比"效率""专业"或劳动分工更重要。在这样的背景下,廷臣的地位让博学家得以在体制的核心中茁壮成长。

世界上最著名的博学家列奥纳多·达·芬奇就是一个例

子。这位大师最初在佛罗伦萨的一个行会当学徒，学习绘画和工程，后来成为这两个领域最重要的从业者之一。他的画作中至少有两幅——《蒙娜丽莎》和《最后的晚餐》——被认为是有史以来最伟大的艺术杰作。其他作品，如《岩间圣母》和《救世主》（后者直到最近才被确认是他的真迹）都采用了他标志性的晕涂法，也被艺术评论家誉为文艺复兴时期的代表作。作为雕塑家，他设计并制作了著名的《斯福尔扎马》（*Sforza Horse*）①，可惜这件作品命运多舛。他还担任过皇家舞台和服装设计师、活动组织者和室内设计师，操办过至少两场皇室婚礼。他被任命为切萨雷·博尔贾（Cesare Borgia）的"家庭建筑师和总工程师"，设计了马里奥·德·吉斯卡蒂（Mario de Guiscardi）的乡间别墅。在比萨围城期间，他绘制了地形图，设计了军事装备和防御工事；还在威尼斯共和国抵抗奥斯曼帝国入侵期间担任过军事工程师。

达·芬奇终生都在做笔记。他的全部笔记看似散乱无章，涉及五花八门的主题，包括对哲学、光学、几何透视、解剖学和航空学的研究。他的笔记仅有部分存世，但是根据达·芬奇研究权威马丁·肯普的说法，这些笔记的篇幅相当于50本学术书，它们以惊人的视觉形式呈现出一套完整的知识体系。

---

① 也称《达·芬奇的马》，是达芬奇在1482年受米兰公爵卢多维科·斯福尔扎（Ludovico Sforza）之托创作的一座雕塑，但没有完成，当时若完成可能是世界上最大的马雕塑。——译者注

第 2 章 永恒之人

他与帕维亚大学的解剖学教授一起研究过解剖学,与数学家卢卡·帕乔利(Luca Pacioli,又译为卢卡·帕西奥利)一起研究过数学。他对伦巴第(Lombardia)的山谷和伊塞奥湖(Lake Iseo)进行过水力和地质研究,设计了自己的飞行器,并进行过人类飞行试验。归根结底,作为一位杰出的画家、雕塑家、音乐家、舞台和服装设计师、发明家、解剖学家、飞行员、工程师、军事战略家和地图制作者,达·芬奇是一个典型的博学家。据肯普估计,如果要在今天"组装出一个达·芬奇",需要 13 个不同的专业人士!

像斯福尔扎和博尔贾这样的赞助人,乐于让达·芬奇在他认为可以做出贡献的任何领域进行探索和创作。他们的目的是维护统治,为之增光添彩。一个博学多才的人如果能够从诸多方面帮助他们实现这一目标,无疑会受到鼓励。博学在文艺复兴时期的欧洲十分盛行,正因为如此,莱布尼茨(Leibniz)才在汉诺威王朝(House of Hanover)如鱼得水,哥白尼(Copernicus)才在瓦尔米亚(Warmia)的宫廷做出杰出贡献。纵观全世界,无论是波斯的哈基姆(hakeem)[①]、西非的乐史官(griots)[②]、中国的君子,还是玛雅的伊察特(itz'at),在近代历史上大多数时期,博学的廷臣都是存在的。

虽然历史上学术活动通常都是由宫廷的皇室赞助人资助

[①] 源自阿拉伯语,是阿拉伯语中对"智者"或"医生"的称谓。——译者注
[②] 西非的传统说唱艺人。——译者注

的，但是其他实体，比如宗教机构、"神秘学校"、世俗大学和业余社团，也在不同历史时期为支持博学家发挥了重要的作用。特别是在中世纪早期，我们看到许多神学家成为他们那个时代最博学的人。

外行人

用不着一个合格的历史学家或"阴谋论者"，我们很容易就能得出这样的结论：在任何已知的人类社会中，权力、财富、影响力和知识（无论是内行的还是外行的）都被限制在少数人手中。这些知识的保管人，因为能够接触到别人接触不到的丰富智力资源，拥有高度的专业灵活性，通常最容易发掘自己的各种天赋和兴趣。大多数有历史记载的博学家都来自同时代的精英阶层，或者最终加入了这个阶层。换句话说，学者和艺术家只有在统治者允许的情况下才能崭露头角。政治家、经济学家、作家、艺术家、律师和军人只有在他们的工作适应了现状，或者改善了现状的情况下才能脱颖而出。所以纵观历史，主要是在国王、皇帝、哈里发、独裁者，实际上也就是政府的庇护和赞助下，博学多才的个人才有了全面发展的条件。

大多数情况都是如此，不过也有例外。在一个以"伟人"历史叙事为主导的时代，我们必须深入"人民"的历史去探究大众的文化程度和博学性。对智力发展的渴求与社会和经济地位无关——这是人类的普遍特征。人类历史上所有文化（尤其是传统社会）中都存在无数默默无闻的"实用通才"。除此以外，我们还必须承认，知识渊博的人或者"行走的百科全书"在工人阶级中一直很普遍。这并不值得惊讶；被剥夺知识，只会让人们更加热切地渴望和追求它。的确，有一些人受到宣传的洗脑，习惯了将大把的时间浪费在无聊的工作和消遣上，但是大多数人的学识都被低估了。这种现象在文献中比比皆是，就看有没有人注意到了。

美国作家亨利·梭罗（Henry Thoreau）回忆过这样一段往事：他曾在美国乡村遇到一个农民，在田间耕作时，这个农民的后衣兜里装着一本希腊语的《伊利亚特》（*Iliad*）。中国宋朝文人方大琮曾写道："家尽弦诵，人识律令。非独士为然，农工商各教子读书，虽牧儿馌妇亦能口诵古人语言"。

乔纳森·罗斯（Jonathan Rose）在他的重要著作《英国工人阶级的文化生活》（*The Intellectual Life of the British Working Classes*）中指出，对知识自由的渴望和追求不仅仅是一个"资产阶级"的概念，英国工人阶级或"大众"的阅读兴趣非常广泛，他们的涉猎范围比传统上认为的广泛得多。他举了许多例子，从16世纪宗教改革后的工匠如何发表神学和文学作品，到18世纪的苏格兰纺织工人如何自学成才。例如，著名画家、诗人、政治活动家和宗教评论家威廉·布莱克（William Blake）就是从这种工匠传统中成长起来的博学家之一。过去的许多博学家之所以在历史上没有留下任何记载，只是因为那些书写历史的人认为他们不值得或配不上。

女性

女性的情况如何呢？为什么"文艺复兴人"中没有女性的例子？遗憾的是，历史上的知识垄断在性别和阶级两方面同样真实存在。长期的沙文主义导致有记载的女性博学家与男性相比少得可怜。在我们的文献记录中，以"博学家"和"文艺复兴人"的身份反复出现的都是男人。其中一个原因是，虽然有许多女性博学家存在，但是她们被忽略了，或者干脆被那些书写和记录历史的人（绝大多数都是男人）无视了。这是因为人类历史上，大多数社会（虽然不是全部）是由男性主导的。

诚然，历史学家对长期以来忽视（或是掩盖）女性博学家的成就负有主要责任，但一个令人遗憾的现实是，公共领域的确很少有女性博学家存在。这与她们成为博学家的能力和愿望关系不大（事实上，可能刚好相反），更多的是由她们所处时代的文化规范，以及社会强加给她们的障碍造成的。

除了一些特例，比如古埃及王室、欧洲启蒙运动时期的"蓝袜社"（bluestockings）[①]、伊斯兰教早期的女学者和中国唐朝的

[①] 18世纪由伦敦一群女性文学家和知识分子组成的文学社团。——译者注

第 2 章　永恒之人

青楼女子，在现代之前，女性很少有机会被知识分子和专业人士的圈子接纳。例如，男性廷臣通常被认为是彬彬有礼、多才多艺、受过良好教育的人，受到世人的尊重；很多时候，女性廷臣虽然同样有文化、有才华，却被人自动地（而且通常是错误地）与放荡联系起来。日本艺伎就是这种性别歧视的例子，她们当中许多人是博学的艺术家。

即使到了现代，类似的现象仍然在好莱坞存在。多才多艺的男性受到欢迎，同样多才多艺的女性却经常被贴上性感的标签。例如，20 世纪 40 年代好莱坞最红的女影星海蒂·拉玛（Hedy Lamarr）是一位天才发明家。她设计了一种跳频系统来防止鱼雷被卡住，这套系统直到今天还在蓝牙设备中使用。奥斯卡奖得主娜塔莉·波特曼（Natalie Portman）也是一位数学天才。还有一些这样的例子。

回到草根阶层，在人类历史上大部分时间里，女性都围绕家庭生活打转，因此很少有可能在社会、学术和文化等领域做出贡献。文化批评家和女权主义学者加亚特里·查克拉沃蒂·斯皮瓦克（Gayatri Chakravorty Spivak）对此做出了解释：

> 对于女性而言，成为博学家的愿景是不可能实现的，因为可笑的是，女性被定义为"私人物品"。即便是我——出生在受过高等教育的印度家庭，在相对自由的环境中成长，也相信女性没有学术人格。那些

潜 能

　　在某一领域有所成就的女性，用德里达（Derrida）[①]的话说，都是"荣誉男性"。即使她真的成了一个博学多才的人，她也会因为意识形态之类的问题遭到其他女性的厌恶。这是一件非常悲哀的事。

　　在家庭生活中，女性展现出了毋庸置疑的多面手的能力，她们能够在育儿、做饭、教育、娱乐、种植和加工等各种各样的任务之间熟练地保持平衡。例如，在传统的南亚文化中，"主妇"（ghargrasti，字面意思是"家庭的管理者"）本身就是一个多面的角色，需要在各种认知能力以及知识、情感和智力属性之间高效地切换。主妇的工作包括做饭、打扫卫生、管理家庭财务、抚养和教育孩子、娴熟地处理社会关系、稳妥地照顾家庭、体面地招待客人和保持仪容，等等。事实上，已经有各种研究表明，女性比男性更擅长处理多任务。"很多女性拥有（博学家所需要的）认知转换能力，"斯皮瓦克说，"但是没有机会将这种能力应用于公共领域。"

　　在现代之前，特别是在欧洲，女性在大多数社会、职业和知识生活中都被边缘化了。讽刺的是，启蒙运动本身是由男性主导的。然而，英国哲学家阿尔弗雷德·诺思·怀特海（Alfred North Whitehead）发现，实际上在这一时期，没有受过教育、经常旅行的女性通常比她们的丈夫获得了更多的知识，

---

　　① 雅克·德里达，法国解构主义大师、哲学家。——译者注

变得更聪明、更有文化。这是因为,工业革命之后的男性教育只是为了将死板的(割裂的、无用的)思想灌输给他们,让他们为特定的职业做好准备,而不是为了帮助他们理解世界。

许多女性博学家生活在她们的丈夫或情人的阴影之下,这在法国启蒙运动时期尤为典型。许多知识分子的妻子和情人经常为他们主办沙龙,从事翻译或研究,但是很多时候成果却为男人所独享。法国贵族和化学家安东尼·拉瓦锡(Antoine Lavoisier)的妻子玛丽·拉瓦锡(Marie Lavoisier)是一位语言学家、化学家和艺术家,她翻译了她丈夫的著作并绘制了插图。她作为研究员与他一起旅行,还经常举办沙龙,许多杰出人物,比如本杰明·富兰克林(Benjamin Franklin)都是她的座上宾。但仅仅因为是个女人,她就不被认为是一个博学家。

沙特莱侯爵夫人(Émilie du Châtelet)是伏尔泰(Voltaire)的情人。伏尔泰曾说她是"一个伟人,唯一的缺点就是她的性别"。她是一位数学家、物理学家和翻译家,对《圣经》进行了批判性分析,开发了一套用于偿还债务的金融衍生品系统,撰写了很多哲学和语言学论文,还是一位支持女性教育的活动家。尽管如此,她最著名的身份还是"伏尔泰的情人"。

虽然全世界有无数了不起的女性学者、艺术家和领导人,但是公众很少了解她们在众多领域的成就。像班昭、科尔多瓦的卢布娜(Lubna)、希尔德加德·冯·宾根(Hildegard von Bingen)、安娜·玛丽亚·范·舒尔曼(Anna Maria von

Schurman)、玛丽亚·阿涅西（Maria Agnesi）和弗洛伦斯·南丁格尔（Florence Nightingale）这样的女性名人是比较少见的，我们将在下一章介绍她们。即使到了现代，女性开始以职业身份进入公共领域，她们也必须比男性付出双倍的努力，而要证明自己的价值，似乎只有致力于在单一领域实现专业化。

"他者"

像女性和外行人一样，来自欧洲社会以外的博学家很少在历史上留下记录。即便是最好的历史学家，也总是有意无意地怀有一定的文化和政治偏见，这就意味着他们对"世界历史"的理解局限于一个非常单一的视角。现实中，大多数历史文本要么直接是由当时的执政者委托撰写的，要么间接地受到主流学说的影响。

例如，过去400年里，关于西方以外的事件、人民、文化和思想的大多数历史记录，都来自爱德华·萨义德（Edward Said）所谓的"东方主义"的视角——不是精心选择、避重就轻，就是充满对"他者"饱含错误和偏见的刻板印象。萨义德列举了西方文本中的许多例子来证明这种现象，指出这种现象来源于西方人骨子里的优越感。

作为希腊思想、罗马法和盎格鲁-撒克逊冒险精神的传承者，"西方文明"在文艺复兴后被视为"进步的核心力量"并广泛传播，启蒙运动之后更是被欧洲的精英阶层作为"经典"来传授和学习。所有其他文明（无论大小），比如印度、伊斯兰、巴比伦、中国、埃及和玛雅文明都被贬低了，笼统地落入"东方"的范畴，而印第安、太平洋岛屿、非洲和澳大利亚社会则落入"野蛮人"的范畴。西方的"历史方法"和它的同胞兄弟"科学方法"一样，比世界各地的本土历史学家用来叙述历史的所有其他方法都更优越。结果，很少有西方历史学家能够真正将不同文化和历史融入他们自己的世界历史叙事当中，赋予它们应有的权重。当然，这种偏见也不是西方独有的——在某种程度上，每个历史时期占据主导地位的社会或帝国都是如此。每个大国都傲慢地认为自己是世界的中心。

源自西方之外并且与主流范式不一样的思想，经常被贬斥为"伪历史"、"伪科学"或"胡说八道的哲学"。虽然我们能够看到来自世界各地的一些优秀作品，但即便是最好的翻译，往往也不能捕捉到它们的精髓和文化上的微妙差别。特意将某些作品"英语化"只会加深不同文化之间缺乏理解的鸿沟。因此，即使是当今最"有学问"的人，通常也只接受了现存的无数观点中的一种——他们只触及了知识的表面。

看看今天流行的科学和历史图书（甚至畅销书），就能发现这种现象有多么根深蒂固。关于非洲、亚洲、拉丁美洲、加勒比地区或太平洋岛屿的历史，大多数最流行的书要么是欧洲人写的，要么是由接受英语教育的知识分子精英撰写的——用弗朗茨·法农（Frantz Fanon）[①]的话说，后者是"文化殖民"的对象。出于这些原因，应该说，无论是关于思想、人物还是事件，至今仍然没有一部真正的"世界"历史能够跳出完全以欧洲为中心的视角。

这就是为什么在传统的历史记录中，大多数博学家都是欧洲精英阶层的白人男性，好像只有他们才能成为百科全书式的天才。不仅历史上是这样，直到今天，一提到博学家，现代"知识分子"仍然几乎总是将目光投向古希腊、文艺复兴时期的意大利，或者维多利亚时代的英国。事实果真如此吗？

从来就不缺少非白人的博学家。我们以18世纪和19世纪为例，这一时期欧洲殖民者实际上统治了世界上大部分地区。有多少欧洲人知道厄瓜多尔的欧亨尼奥·埃斯佩霍（Eugenio Espejo）？在西班牙占领期间，他是拉丁美洲最有学识的当地人之一，是一位出色的律师、医生、记者、神学家、经济学家、政治讽刺作家和教育改革家。有多少人知道索尔·普拉杰（Sol Plaatje）？他是当代南非最伟大的黑人博学家之一，在语言、文学、政治和新闻领域都颇有建树，对南非的政治、文化和社会产生了深远的影响。还有印度医生何塞·格尔森·达·库尼亚（José Gerson da Cunha），他写了很多论文和20本书，涉及历史、钱币学、考古学、语言学和医学等不

[①] 法国作家、散文家、心理分析学家、革命家。——译者注

同学科。还有菲律宾活动家埃皮法尼奥·德·洛斯·桑托斯（Epifanio de Los Santos），他既是多才多艺的学者和散文家、极具天赋的音乐家和艺术家，也是享有盛誉的政治家、律师和记者。

我们稍后会看到，在各自国家反对阶级压迫和殖民主义的斗争中，这一时期一些最伟大的博学家发挥了重要的作用，这并不令人惊讶。虽然同样博学——甚至有时候更博学——但是这些"来自殖民地的土著人"没有得到应有的尊重。

鼓励

在一个方方面面都被强制专业化的世界里，今天的我们很难想象，在人类历史上的大多数时期，博学才是常态，甚至是理所当然的。许多文化、哲学和社会体系都鼓励博学——即便不是所有人都是博学家，至少也有一部分这样的人存在。

例如，古希腊就有博学的哲学家和自由的探询者。他们超越了学科和领域的界限，为了研究一个问题，会探索任何可能有助于解释这个问题的知识领域。他们被称为"不可分类者"（atopos）。正是他们——苏格拉底、柏拉图和亚里士多德——定义了让我们受益匪浅的希腊哲学。在罗马时代，"闲暇"文化（otium，政治家、律师、商人和军人从事智力或艺术活动的"休闲时间"）会得到资金支持，特别是在精英阶层当中，多元化的生活方式成为他们追求的目标。

在中国的宋朝，"士大夫"既是政治家，也是艺术家和科学家，他们不是理想主义的哲学家，而是对技术、文化和社会做出实际贡献的人。他们既对政治和管理感兴趣，也对建筑、发明和创造感兴趣。除了追求知识，士大夫还注重对兴趣爱好的培养和展示，这不仅是具有社会地位和修养的标志，也使他们更加博学多才。他们致力于成为《易经》中所说的"君子"——除了具备贤良方正的品质之外，还需要掌握"六艺"（礼、乐、射、御、书、数）。正是这种文化，造就了沈括、苏轼和苏颂等现象级的博学家。

在18世纪的日本，由于德川幕府时代战火渐渐平息，武士的角色不再是士兵，而是变成了廷臣、官僚和管理者。柳泽淇园就是一个典型的例子。在新的武士文化背景下，他在诸多"其他方面"大显身手。他不仅是一位有着深厚造诣的画家和书法家，还掌握了武士的"十六项技艺"，包括武艺（比如剑术、马术和射箭）、音乐（他会吹笛和弹琴）、诗歌、医术、佛学和茶道。

法国启蒙运动期间，就在知识专业化成为普遍现象之前，出现了一批"自由而不受拘束"的探询者，被称为"艺术能手"（virtuosi），以及一群自由知识分子，被称为"好奇之人"（curieux）。孟德斯鸠（Montesquieu）就是一个典型的例子，他的文学创作和笔记反映了他多方面的兴趣。除了知识分子阶

第 2 章 永恒之人

层，资产阶级或"绅士"也被认为应该有丰富多彩的追求，比如音乐、击剑、哲学和舞蹈——莫里哀的经典戏剧《贵人迷》（*Le Bourgeois Gentilhomme*）中就有对这种风尚的精彩描写。历史学家安德鲁·罗宾逊（Andrew Robinson）认为，启蒙运动"毫无疑问是博学的"；像布丰伯爵（Comte de Buffon）这样的人物就是这种文化的典型例子。

在同一时期的英国，也有与之类似的知名人物。艺术史学家肯尼斯·克拉克（Kenneth Clarke）说："18 世纪的英格兰是业余人士的天堂；我的意思是，只要有足够的金钱和权势，一个人喜欢什么就可以做什么，包括那些需要大量专业知识的工作。"菲利普·鲍尔（Philip Ball）在他的《好奇心》（*Curiosity*）一书中将这类人称为"全能教授"，这方面的例子包括：克里斯托弗·雷恩（Christopher Wren）——建筑师、物理学家、天文学家和数学家；威廉·赫歇尔（William Herschel）——天文学家、植物学家、作曲家和物理学家；威廉·配第（William Petty）——造船师、医生、音乐教授、化学家和工程师。

因此，（至少在精英阶层中）鼓励多元潜能的文化一直以某种形式存在。在历史上的许多时点，博学家的身份是得到承认和赞扬的。不过，今天回顾起来，在我们的历史书中，这些博学家经常是以"专家"的身份为我们所知的。难怪我们与博学的传统失去了联系。

潜　能

"专家"的迷思

埃德温·哈勃（Edwin Hubble）擅长运动，是一名业余拳击手和垂钓者；第一次世界大战期间，他在美国军队服役；他拥有律师资格，当过篮球教练，教过西班牙语，最后成为一位荣获诺贝尔奖①的天文学家，著名的哈勃望远镜就是用他的名字命名的。尼古拉·哥白尼（Nicolaus Copernicus）是一位神父、经济学家、画家、外交家、医生和律师，还通晓多种语言；他还是现代天文学之父，他的日心说在后来几个世纪里彻底改变了天文学家观察宇宙的方式。查尔斯·道奇森（Charles Dodgson）是一位成功的摄影师、数学家、牧师和发明家，但是为我们所熟知的却是他的笔名——刘易斯·卡罗尔（Lewis Carroll），即他还是位诗人和小说家，他最著名的作品是《爱丽丝梦游仙境》（Alice in Wonderland）。还有《发条橙》（A Clockwork Orange）的作者安东尼·伯吉斯（Anthony Burgess），他同时也是一位英国陆军少校、语言学家、教师、作曲家和掌握多种文学体裁的作家，并通晓多种语言。

不管是否承认，我们都下意识地认为世界上那些伟大的成功者终身都是各自领域的专家。我们相信他们都是全身心地投入到主业之中，不允许任何事情让自己分心。我们认为，诺贝

---

① 原文疑有误，实际为获得提名。——译者注

第 2 章 永恒之人

尔奖得主、伟大的科学家、作家和艺术家、运动员、商人和政治家之所以能够成为现在的他们,是因为他们对各自领域的全身心投入。经常有人告诉我们,正是这种完全的、长期的投入,最终让他们实现了创造性的突破。但这是一个错误的假设。

当考察一些著名"专家"的生平时,我们会发现他们通常都有许多副业(以前的工作或爱好),这些副业以这样或那样的方式影响了他们的主业——经常是起到了促进的作用。很多时候他们自己也承认这一点。所以,那些被我们默认为"专家"的人到底是不是专家,就值得怀疑了。

我们喜欢把一个人固定在一种身份上,这种"定型文化"使我们的历史观也受到了局限。事实上,我们知道哥白尼和哈勃,只是因为他们的天文学成就;我们知道卡罗尔和伯吉斯,只是因为他们的小说——这就是我们目前的心态。因为我们的头脑、我们的生活方式、我们的思想、我们的文化、我们的社会都是如此专业化,于是,我们自然而然地认为事情一向如此。我们忽略了历史人物的多面性,只记住他们的某一项成就。我们能够接受少数博学家的例子——比如达·芬奇、富兰克林和亚里士多德——但是把他们当作"例外"(异常)来对待,将他们视为来自不同星球的不同物种。

事实恰恰相反:专业化才是例外,而不是常态。的确,有些人受到某个独一无二的领域的召唤:努斯拉特·法特赫·阿里·汗（Nusrat Fateh Ali Khan）、贝利（Pele）、穆罕默德·阿里（Muhammad Ali）、约翰·纳什（John Nash）、黑泽明、斯蒂芬·霍金（Stephen Hawking）、巴勃罗·毕加索（Pablo Picasso）、西格蒙得·弗洛伊德（Sigmund Freud）、A.R. 拉赫曼（A.R. Rahman）、莫扎特、鲁米（Rumi）可能属于这种情况——"他们生来就是做这个的"。但这些人才是例外；而且，他们的人生旅途中也有许多不为我们所知的经历。

事实上，你可以从世界历史上的任何领域——无论是艺术、科学、商业还是政治领域——任意挑选一位伟大人物，考察他们的生平，看看他们是否还有其他兴趣，或者是否在主业之外的其他领域有其他成就。你会发现，高度专业化的专家是很少见的，博学家才是常态。

21世纪的头脑已经习惯了所有人都是专家，或者所有人都应该是专家的假设，很难接受博学家一直存在的事实，更不用说相信实际上历史主要是由博学家塑造的了。为了证明这一点，下一章阐述了另一种看待"伟人"历史叙事的方法。

第 3 章

世界的塑造者

潜 能

显然,博学家是一个迷人的物种。他们向我们展示了人类如果拒绝被归类,能够掌握怎样的能力。他们集中体现了人类潜能的多样性。但是他们真正为社会创造了什么价值呢?答案就在于一个简单的事实:世界历史上一些最有影响力的人物都是博学家。作为他们那个时代的"颠覆者",他们为人类的发展做出了卓越的贡献。无法想象如果没有他们,今天的世界会是什么样子。

更重要的是,我们会发现,正是博学成就了他们的伟大。无论他们对世界的影响是不是积极的,关键在于他们带来了变革。不过,直接给出这样的断言未免过于武断,接下来,我们将纵观世界历史,列举一些历史塑造者的例子——我们以为这些人是单一领域的专家,实际上他们是多维度的天才。出于结构上的考虑,这些例子被划分为领袖、拥立国王者、革命者、知识分子、教育家、神秘主义者、探险家、科学家、艺术家、企业家和人道主义者,他们正是通过这些主要渠道对人类历史产生影响。

第 3 章　世界的塑造者

领袖

穆罕默德·伊本·阿卜杜拉（Muhammad ibn Abdullah）从小父母双亡，没有受过教育，在 7 世纪的贝都因（Bedouin）从一个牧童成长为一位有信誉的商人。此后，他不仅成为一位受人崇拜的精神向导，还作为战士在斗争中指挥军队，作为政治家建立、统治和拓展了一个新国家，作为法律制定者建立并实施了一套全新的法律制度。在这个过程中，穆罕默德发起了一场运动，这场运动孕育了伟大的文明，产生了伟大的艺术，促进了科学和哲学的重大突破。

毫无疑问，无论是政治、军事、商业、运动还是组织领袖，都是特定社会中最有影响力的人物，因为他们的工作性质就决定了他们的决策会影响到相当数量的人。与穆罕默德一样，许多历史上最有影响力的领袖都是某种类型的博学家。

这毫不奇怪。公司、慈善机构、政府，以及任何类型的大型机构、组织或项目天然地具有多个维度，它们的领袖自然需要综合多方面的信息。对于各种可能影响到重要决策的因素和观点，他们应该有全面的了解。领袖有责任将那些看似互不相关，实际上却紧密联系的多重因素纳入考虑。他们的工作性质要求他们退后一步，纵观全局，评估整体形势，建立必要的联系。所以，一个伟大的领袖不仅是自信、大胆的决策者，而且要对情况有全面了解，能够理解背景环境的重要性，富有远见卓识。

在艺术和学术方面，一些历史上最有影响力的（我敢说，也是最伟大的）君主已经不仅仅是热心的赞助人，他们有条件追求自己的兴趣、发挥自己的天赋，不像其他人那样面临经济等方面的后顾之忧。一些君主的"副业"都与治国能力有关，另一些则只是出于个人兴趣，或者是他们将多才多艺视为正统的标志。他们展示了各种各样的才能，证明了自己是出色的博学家。

13世纪的神圣罗马帝国皇帝腓特烈二世（Frederick Ⅱ）就是一个典型的例子。他被称为"世界奇迹"（stupor mundi），并率军占领了耶路撒冷。腓特烈是一位通晓多国语言的人、诗人和语言学家，为了了解语言的演变进行过语言学实验；也是一位驯鹰专家（写过一部专著），以及艺术和学术的赞助人［最著名的项目是西西里的诗歌学校（Sicilian School of poetry）］，这让他在"黑暗时代"的欧洲君主中显得鹤立鸡群。

内萨瓦尔科约特尔（Nezahualcóyotl）在西方世界没有太大的名气。他是15世纪的战士—政治家，是阿兹特克的特斯科科（Texcoco）黄金时代的缔造者和统治者——这一时期法治、学术和艺术高度繁荣，对该地区的其他文明产生了深远的影响。他设计了一套基于权力划分的法典，依据法典建立了经济、战争、司法和文化委员会。在他的统治下，特斯科科发展为三国同盟（Triple Alliance）[①]的知识中心，拥有一座藏书丰富的图书馆，可惜该图书馆在阿兹特克帝国被西班牙征服后没有保存下来。他还建立了一所音乐学院，招收来自中美洲各地有才艺的学员。

内萨瓦尔科约特尔还是一场哲学运动之父，其追随者在纳瓦特尔语（Nahuatl）中被称为"tlamatinime"，意思是"知道某些事情的人"，通常翻译为"智者"。他还因为将一神论引入特斯科科而著名。有许多纳瓦特尔语诗歌都是献给他的，其中一些写在墨西哥城的国家考古博物馆的墙上。他还是前西班牙时代伟大的设计师和建筑师之一，据说他设计了内萨瓦尔科约特尔大堤，将特斯科科湖的淡水和咸水分开，这套系统直到他死后一个世纪仍在使用。这座城市中一些最具标志性的地点都是在他统治期间建成的，其中很多是他亲自设计的。

还有一些我们更加耳熟能详的著名君主，不过他们在领导能力以外的兴趣和成就往往被历史学家当成细枝末节一笔带过了。16世纪的印度皇帝阿克巴大帝（Akbar 'the Great'）建立了强大的治理体系，通过联姻团结帝国内部的各个派系，促进了艺术和建筑的繁荣发展，将帝国的领土扩张到印度次大陆上的重要港口和城市。他还创立了一种全新的宗教，称为"丁伊-伊拉希"（Din-e-Ilahi，意思是"神圣宗教"），试图将帝国境内的

[①] 即阿兹特克帝国，由特诺奇蒂特兰、特斯科科和特拉科潘三个城邦组成。——译者注

所有信仰、传统和世界观融为一体。

鲜为人知的是,阿克巴追求终身学习的生活方式。他虽然不识字,但身边总是围绕着各个领域的专家,经常让别人大声读书给他听。他接受的是军人和猎人的训练,最终成长为一名强大的战士,作为皇帝在战斗中他总是身先士卒。他还是有名的工匠、军械师和铁匠,擅长木工和制作花边。他持续不断地学习、掌握和实践新技能,因此赢得了举国上下的尊敬,在对手心目中创造了一个近乎超人的形象。

胸怀大志的君主总是对学习怀有永恒的热情。17世纪的瑞典女王克里斯蒂娜（Kristina）是最伟大的艺术和学术赞助人之一。她一生都在学习各种知识,据说每天要花12小时学习各种科目。她通晓多种语言,接受过军事训练;就哲学问题与笛卡儿（Descartes）通过信（聘请笛卡儿为她的导师）;跟随莱布尼茨学习过天文学,并建立了自己的天文台。在11世纪的印度,马尔瓦的帕拉马拉王朝（Paramara dynasty of Malwa）的拉贾·波阇（Raja Bhoja）被历史学家公认为伟大的政治家和军事天才,他还写过很多论著,主题涉及神学、诗歌、语法、工程、建筑和化学。

这些博学家都是君主,但同样的原则也适用于某些现代"民主"领袖。托马斯·杰斐逊（Thomas Jefferson）经常被誉为有史以来最伟大的政治家之一。在早期的政治生涯中,他曾经担任过国会议员、外交官（法国大使）和国务卿。他创立了

第3章 世界的塑造者

民主共和党（Democratic Republican Party），后来成为美国第三任总统。作为美国的国父之一，他是《独立宣言》的主要作者。不过，让他从其他40多位美国总统中脱颖而出的，是他在政治以外的多方面的成就。在白宫举办的一次招待各项诺贝尔奖得主的晚宴上，约翰·F. 肯尼迪（John F. Kennedy）开玩笑地说："我觉得今晚的白宫聚集了有史以来最多的天才和智慧……或许唯一的例外是当年杰斐逊总统独自在这里用餐的时候。"

杰斐逊不仅是一个有名望的律师，还是一个对农业技术感兴趣的农场主；一个成功的建筑师，推动了帕拉第奥建筑（Palladianism）的普及；一个高产的发明家，设计了旋转书架和"大钟"（Great Clock）等作品；他能够流利地说五种语言，与同时代的一些著名思想家保持通信。

杰斐逊的多面性是否有助于他成为一名政治家？阿塞拜疆知识分子哈姆雷特·伊萨赞里（Hamlet Isakhanli）认为："一个多面手有更大的机会成为领袖，并在领导生涯中取得更大的成功。"管理心理学家菲利普·泰洛克（Philip Tetlock）从他的研究中得出结论：从科学指标来看，良好的判断力和高度专业化之间存在负相关关系。以赛亚·伯林（Isaiah Berlin）用"狐狸与刺猬"这个比喻，将思想者分成两种类型：狐狸知道许多小事，兼收并蓄，善于随机应变；刺猬只知道一件大事，只追求一种真理，为含混不清的问题制定刻板的解决方案；但在预测未来方面，狐狸比刺猬更成功。

牛津大学的神经学家安德斯·桑德伯格（Anders Sandberg）在对泰洛克的论文发表评论时强调："管理者解决可以管理的问题，领袖解决未知的问题。在某种意义上，领袖必须是博学家。我对刺猬型的领袖感到担忧。"事实上，著名未来学家雷·库日韦尔（Ray Kurzweil）认为，任何项目的领导者都应该是博学家。"专精某一领域的专家可以是团队的一分子，"他承认，"但是团队的领袖必须在多学科之间架起桥梁。"

这或许可以解释温斯顿·丘吉尔（Winston Churchill）的成功，他被誉为20世纪最伟大的政治家之一。他曾经担任过海军大臣、财政大臣、贸易委员会主席和内政大臣等一系列政府高级职务，最后成为英国历史上最著名的首相之一。

丘吉尔作为领袖取得的成就过于耀眼，以至于经常掩盖了另一个事实：他也是一位成功的军人、艺术家和学者，女王称他为"多面的天才"。他还是一位高产的作家，1953年获得了诺贝尔文学奖；他写过一部小说、两部历史传记、三卷回忆录、若干历史著作，还作为战地记者为报纸写过许多文章。作为一名油画家，他创作了100多幅作品，大部分是印象派风景画，这些作品在世界各地展出；他还写过一部关于绘画的专著。哲学家罗杰·斯克鲁顿（Roger Scruton）——他本人也是一位博学的知识分子——认为丘吉尔之所以能够成为伟大的领袖，归根到底是因为他是一位博学家："……在我看来，20世纪30年代,当其他政治家还在黑暗中摸索时,正是丘吉尔掌握的历史、文学、艺术、社会和法律知识,帮助他充分想象和掌握了世界局势。"

还有其他的例子。美国第26任总统西奥多·罗斯福(Theodore Roosevelt)擅长柔道和拳击,当过警察、士兵、探险家、农民和猎人。罗斯福42岁开始担任公职,最终成为美国有史以来最伟大的领袖之一。他后来被当成学者型政治家的典范,是著述最多的美国总统之一。他的作品类型广泛,涉及历史[海军史和大部头的《征服西部》(*Winning of the West*)]、自然、游记(讲述他在巴西和非洲的冒险故事)和哲学。

拥立国王者

魏玛浪漫主义运动(Weimar Romanticism movement)的关键人物约翰·沃尔夫冈·冯·歌德(Johann Wolfgang von Goethe)是世界文学史上最伟大的作家之一。除了写出了家喻户晓的小说、戏剧和诗歌之外,他还在生物学、植物学和物理学等科学领域取得了重要成就,同时也是一位成功的律师、廷臣和哲学家。歌德的职业生涯始于制图员和水彩画家,他对戏剧和文学也有强烈的兴趣。他在莱比锡学习法律,最后在法兰克福取得执业资格,参与过许多重要案件的审判。后来,他成为萨克森-魏玛-艾森纳赫大公(Duke of Saxe-Weimar-Eisenach)

的顾问，担任过许多职务，包括在入侵法国失败和围攻美因茨期间担任军事顾问。

在担任律师和政治顾问这段时间里，歌德热衷于文学创作，写下了大量脍炙人口的小说、诗歌和戏剧。从莫扎特到马勒（Mahler），几乎所有著名的奥地利和德国作曲家都为他的诗歌谱过曲，包括《欢会与离别》（*Willkommen und Abscheid*）、《塞森海姆之歌》（*Sesenheimer Lieder*）、《野玫瑰》（*Heidenroslein*）和《迷娘曲》（*Mignon's Song*）。他的风格是德国诗歌"内在性"（innerlichkeit）运动的典范。他的小说《少年维特之烦恼》（*Die Leiden des jungen Werthers*）是一部浪漫主义悲剧，一经出版便迅速成为畅销书，为浪漫主义的早期发展铺平了道路。作为剧作家，歌德获得了巨大的成功，尤其是在1808年他的史诗剧《浮士德》（*Faust*）第一部发表之后。这是一部悲剧，主人公浮士德为了获得现实世界中的权力，将灵魂出卖给了魔鬼。这部戏剧在哲学、心理和政治上对德国人产生了深远的影响，很快被公认为德国文学史上最伟大的作品之一。《浮士德》第二部直到歌德去世那年才完成，并于他死后出版。

不过，真正使歌德成为传奇式的博学天才的，是他在科学领域取得的杰出成就。他第一项重要的科学贡献是在生物学领域做出的。歌德对生物，特别是植物的连续变态进行了广泛的观察和研究。这一生物学分支后来被称为同源性，并在一个多世纪后被查尔斯·达尔文（Charles Darwin）用在他的进化论中。然后，歌德将注意力转向理论物理，于1810年出版了《色彩理论》(*Theory of Colours*)。他在这本书中指出，颜色是由明、暗和浑浊的动态交互产生的。很多人认为这本书才是他最重要的作品，其重要性甚至超过了他的文学作品——实际上歌德自己也是这样认为的。他对矿物学也很感兴趣，针铁矿（goethite，一种铁的氧化物）就是用他的名字命名的。歌德还是一位杰出的哲学家。他的哲学源于他在文学和科学方面的工作，并深受他与另一位著名知识分子弗里德里希·席勒（Fredrich Schiller）之间友谊的影响。歌德是德国浪漫主义的先驱。

在我们的语境下，拥立国王者不一定是为他们的王子争取继承权的王室顾问；更常见的情况是作为廷臣，他们依靠自己的天赋和能力，以各种方式维护统治者的荣耀。他们通常是知识分子和艺术家，在王室宫廷担任顾问、行政人员和演员。他们自己创造出伟大的艺术、科学和哲学作品，同时帮助各自的君主巩固王位、维持统治和扩大影响力。

在拥立国王者当中，有些人天生才华横溢，因而受到赞助人的青睐和鼓励；有些人则是出于偶然，受命完成不同领域的项目，在这个过程中显露出多面的才华——他们之所以受到委托，只是因为赞助人相信他们的个人能力。没有规定说一个人只能有一种适合的职业；一个人的天赋可以是没有边界，甚至是无穷无尽的。繁荣、活跃的宫廷不仅吸引了博学家，还营造了一种气氛，鼓励各种才艺和天赋蓬勃发展。

潜 能

班昭是东汉和熹皇后邓绥的老师，负责管理藏书阁，（至少在知识和专业方面）是世界上最早有历史记载的女性博学家之一。她的作品涵盖历史、哲学、诗歌、天文学、游记和家谱学。她最著名的作品《汉书》是最著名的历史著作之一，为后来所有中国王朝的史书提供了范本。她的另一部作品《女诫》是一部儒学著作，专注于女性的美德和教育。她在其他方面的贡献包括：在她的监督下，人们将以竹简和帛书为载体的手稿转录到纸上；编辑完善《列女传》，这本书由西汉守藏史刘向编撰，收录了中国历史上 125 位伟大女性的传记。班昭也被任命为守藏史，在邓太后执政期间为各种事务出谋划策，被称为"曹大家"[①]。

科尔多瓦的卢布娜被英国广播公司 3 台（BBC Radio 3）形容为"千面女郎"。她是科尔多瓦最重要的图书管理员之一，是哈里发哈卡姆（Caliph al Hakam）的私人秘书，奉命周游伊斯兰世界，搜集整个帝国最优秀的书。著名的安达卢西亚（Andalucian）学者伊本·巴什库瓦尔（Ibn Bashkuwāl）写道："她擅长写作、语法和诗歌。她的数学知识很丰富，她也精通其他科学。在倭马亚（Umayyad）的王宫里没有人比她更高贵。"一些历史学家很难接受伊斯兰世界中存在女性博学家的事实，因此有人提出一种理论，认为她的形象实际上是多位女性的综合体。

---

① "家"，读作 gū，通"姑"。——译者注

德国启蒙运动的主要发起人之一戈特弗里德·莱布尼茨（Gottfried Leibniz）也是一位伟大的博学家。德尼·狄德罗（Denis Diderot）说，"或许再也没有一个人能比他读得更多、学得更多、想得更多、写得更多了"，"如果一个人拿自己的天赋与莱布尼茨相比，那么他可能会扔掉书本，找一个被遗忘的角落，在黑暗中安静地死去"。这是因为，莱布尼茨不仅是哲学史上最有影响力的思想家之一，还是不伦瑞克家族（the House of Brunswick）的全才廷臣，既是律师、外交家、工程师、图书管理员、炼金术士和历史学家，也是数学、物理学和地质学等学科的重要学者。他只写过两部长篇的哲学专著，但是写了许多书信、散文和小册子。他的学术贡献还体现在心理学（区分意识和无意识）、经济学（提出税收改革，讨论贸易平衡）和语言学（他研究了瑞典语、梵语、汉语和希伯来语的起源，自己也通晓多种语言，能用多种语言写作）方面。他的书信涉及的话题更加广泛，远不止上面提到的这些。据说他与全世界的1 100人通过信，畅谈各种各样的话题。

米哈伊尔·罗蒙诺索夫（Mikhail Lomonosov）在艺术和科学领域都颇有建树。罗蒙诺索夫的职业生涯开始于俄国科学院（Russian Academy of Science）。在那里担任教授期间，他出版了一份收录3 000多种矿物的目录，解释了冰山的形成，并成为第一个记录水银凝固现象的人。作为物理学家，他认为热是运动的一种形式，提出了光的波动理论，促进了

潜　能

分子运动论的形成，探索了物质守恒的概念，并推断出当时被普遍接受的燃素理论是错误的。作为天文学家，他发明并改进了反射望远镜的设计，是第一个假设金星上存在大气的人。他根据自己对冰山和板块漂移的研究，假设了南极洲的存在。

作为发明家，罗蒙诺索夫开发了远洋工具，这极大地简化了方向和距离的书写和计算。他组织了一支探险队，沿西伯利亚北部海岸航行，寻找大西洋和太平洋之间的东北航道。1760年，他出版了一部俄国史。不过，真正让罗蒙诺索夫成为一个博学家的，是他在艺术和科学领域的成就。他是一位诗人，他使用的语法通过将古斯拉夫语和本土方言相结合，改变了俄罗斯的文学语言。他写过20多首庄严的颂诗，其中最著名的是《夜思上苍之伟大》（*Evening Meditation on God's Grandeur*）。早年间在矿物化学领域的工作使他对古老的马赛克艺术产生了兴趣。他自己创作了大约40幅作品，其中24幅得以保存至今，包括《彼得大帝》（*Peter the Great*）和《波尔塔瓦会战》（*Battle of Boltava*）这样的杰作。1763年，他建立了一家玻璃工厂，最早在意大利以外生产彩绘玻璃马赛克。

奥斯曼帝国苏丹塞利姆三世（Sultan Selim Ⅲ）想要寻找一位有才能的博学家，为他处理军事、外交和知识方面一些亟待解决的问题。易卜拉欣·穆提费里卡（Ibrahim Müteferrika）原本是匈牙利的一位论派（Unitarian）[①]信徒，后来加入了耶尼切里军团（janissary，奥斯曼军队从基督徒奴隶的孩子中选出强健的男童，让他们改信伊斯兰教，将他们训练成特种兵）。他由一名士兵成长为奥斯曼帝国政府的外交官，发展了奥斯曼帝国与奥地利、俄国、瑞典和法国的关系。他是第一个拥有阿拉伯活字印刷技术的穆斯林出版商，也是奥斯曼帝国第一个获准出版世俗和宗教书籍的出版商。他出版了许多自己的著作，包括天文学、军事理论、神学、历史和经济学等方面的重要论著。他总共出版了17部作品，共23卷（每卷印数在500册到1 000册）。作为印刷和出版工作的一部分，穆提费里卡还展示了他作为制图师和雕刻师的才能。他的这些成就让帝国又维持了至少一百年。

革命者

一方面，有些人能够在体制内大显身手；另一方面，实际上，现代历史上许多博学家都是反体制的重要力量，并为此付出了沉重的代价。保罗·罗伯逊（Paul Robeson）是他那个时代最伟大的美国橄榄球运动员之一。在赛场外，他在法学院学习，毕业后就职于纽约的一家律师事务所。但是，仅仅做一名

[①] 一个强调上帝只有一位，否认三位一体的基督教派别。——译者注

运动员和律师还不够。这个年轻人决定追逐童年时代的舞台梦想。他在学生时代参加过一些演出，逐渐成为一个小有名气的男低音歌手。他是第一个将灵歌（由美国黑人奴隶创作的宗教歌曲）带到音乐会舞台上的人；他演唱的爱国歌曲《美国民谣》（*Ballad for Americans*）使他成为全国巨星。直到今天，一提到这首歌，人们还是会联想到他的声音。

作为演员，他同样才华横溢。早年间在《琼斯皇》（*The Emperor Jones*）等剧目中的表演为他赢得了盛誉。1945年，他主演了威廉·莎士比亚的《奥赛罗》（*Othello*），获得了斯平加恩奖章（Spingarn Medal）。他在伦敦和百老汇主演了音乐剧《演艺船》（*Show Boat*），并出演了1936年的电影版。他在电影中演绎的《老人河》（*Ol' Man River*）至今仍然被认为是对这首歌的最好诠释。他吸引了英国电影制片人的注意，在一系列英国卖座电影中担任主角，包括《自由之歌》（*Song of Freedom*）和《骄傲的山谷》（*The Proud Valley*），这又使他的事业达到了新的高峰。

尽管取得了辉煌的成就，但他仍然觉得学无止境。他对语言学特别感兴趣。1934年，他进入伦敦大学亚非学院（School of Oriental and African Studies），专攻普通话、斯瓦希里语（Swahili）和其他各种非洲语言。他以惊人的速度掌握了20多种语言，成为20世纪最著名的通晓多种语言的人之一。

对非洲裔美国人的历史和政策的研究，加上他个人的种族隔离经历，使他成为美国种族主义、殖民主义和阶级主义最尖锐的批评者之一。他不仅作为一位艺术家，还作为一位争取社会公正的活动家周游世界。他的社会主义观点和他的肤色意味着，他在自己的祖国会受到孤立，即使他是美国现代历史上最博学多才的人之一。

罗伯逊相信，无论种族、阶级或性别，每个人都应该享有完全的自我实现的权利。他认为在资本主义制度下，这是不可能的。实际上，与主流观念相反，社会主义的最初设想不是一套严格管制、高度服从的体系，而是一种平等主义的制度，让每个人都能以自己独特的方式发光发热。奥斯卡·王尔德（Oscar Wilde）在他著名的《社会主义制度下人的灵魂》（The Soul of Man under Socialism）一文中强调，一个以私有财产为基础的制度不可能允许个人的全面发展或"人格的充分表达"。他说，基于"雇佣劳动"哲学的制度只能让一小部分（经济上有保障的）精英学者和艺术家实现完整的自我。这种制度创造了一个"人的个性被他的财产吸收"的社会。

实际上，马克思本人相信多元化教育。他曾经写道："在共产主义社会里，没有画家，至多存在着既从事其他工作而又作画的人。"或许正是这种观点，激励了全世界许多社会主义革命者，比如罗伯逊去展示多面的自我，仿佛这种行为本身就是一种反抗。

历史上有过的许多社会政治革命，通常都是一个渴望权力的集团想取代另一个引发的。但是真正的革命，代表奴隶、农民、少数族裔和殖民对象的革命，本质上应该是被压迫者为了取代压迫者强加给他们的制度而进行的有组织的斗争。在现代，经常提到的例子包括美国、海地、法国、古巴、俄国和伊朗的革命。这些革命都是由激进人物领导的，这些人物通常是自由主义者、反殖民的民族主义者和社会主义者，视具体情况而定。

最著名的现代西方革命发生在18世纪末的巴黎——在启蒙运动自由思想的激励下，自由主义者领导人民反对君主专制。法国启蒙运动的两位最杰出代表不仅是革命家，也是了不起的博学家。伏尔泰是一位多才多艺的作家，创作过几乎所有文学体裁的作品，包括戏剧、诗歌、小说、散文，以及历史和科学著作。他写过2万多封信，出版过2 000多本书和小册子。在当时臭名昭著的严格审查制度下，他直言不讳地倡导公民自由。皮埃尔·博马舍（Pierre Beaumarchais）被许多历史学家视为法国启蒙运动和大革命的代表人物之一。这是因为博马舍的人生充满了冒险，他堪称法国启蒙运动所倡导的自由精神的典范。他是一位技艺精湛的钟表匠、法国王室音乐家、商人、美国独立战争期间的外交家和间谍，后来成为他那个时代最成功的剧作家之一。

马克思主义在成为俄国革命的理论基础之前，已经在欧洲，特别是英国形成风潮。威廉·莫里斯（William Morris）是

第 3 章 世界的塑造者

马克思的女儿艾琳娜（Eleanor）的朋友，他受到马克思思想的启发，成为英国最伟大的社会主义革命家之一。19 世纪中叶，他起初是一名新哥特式建筑师，而后将兴趣转向室内设计。他拒绝机械化生产的美术风格，发起了工艺美术运动（Arts and Craft Movement），倡导回归传统手工艺，并将工匠的地位提升到与艺术家相当的水平。他为壁纸、瓷砖、彩色玻璃、纺织品和其他室内装饰设计图案，并掌握了纺织、印染、印刷和刺绣等方面的专业知识。他还是公认的油画家，虽然仅有一幅作品存世——这幅画为《美丽的伊索尔德》（*La Belle Iseult*），至今仍在伦敦的泰特美术馆（Tate Gallery）展出。

莫里斯还模仿 15 世纪出版业的传统方法，为图书设计字体和装帧。事实上，他创办了自己的凯姆斯科特出版社（Kelmscott Press）。这家出版社虽然只经营了短短几年，却成为英国最具声望的专业出版社之一。受到在他那里出版图书的那些中世纪作家的启发，莫里斯自己也为世界文学做出了巨大的贡献。他是最早的拉斐尔前派诗人之一，一生中出版过多卷诗集。作为小说家，莫里斯是奇幻小说的先驱，他的《乌有乡消息》（*News from Nowhere*）和《世界之外的森林》（*The Wood beyond the World*）等作品影响了后来的詹姆斯·乔伊斯（James Joyce）和 J.R.R. 托尔金（J.R.R. Tolkien）等作家。他享年 62 岁，医生这样解释他的死因："只因为他是威廉·莫里斯，一个人做的事情比十个人还要多。"莫里斯晚年逐渐明白，无论怎样努力，在他有生之年革命都不会发生。他的小说是表达他乌托邦理想的一种方式。

在世界其他地方，社会主义革命正在俄国、印度、古巴等地酝酿。每个国家都有自己的博学家。俄国的亚历山大·波格丹诺夫（Alexander Bogdanov）是俄国社会民主工党（Russian Social Democratic Labour Party）和无产阶级文化运动的创始人之一。他也是一位经验丰富的医生和精神病学家、布尔什维克革命期间的政治理论家和经济学家、俄国科幻小说的先驱［他的小说《红星》（Red Star）描写了火星上的乌托邦，是俄国现代文学的经典之作］、重要的科学哲学家和最早的系统理论家之一［他在他的杰作《组织构造学》（Tectology）一书中进行了概述］。

印度的拉胡尔·桑克里蒂亚雅纳（Rahul Sankrityayan）曾在比哈尔邦领导农民起义，曾三度入狱，是他那个时代最重要的社会主义传记作家之一，为马克思、列宁、斯大林和毛泽东等人写过传记。他被誉为"Mahapundita"，意思是"最聪明的人"，他精通多种语言，写过100多本书，主题涉及社会学、文学史、哲学、佛学、语法、编辑学、民俗学、科学、戏剧和政治。

切·格瓦拉（Che Guevara）是20世纪60年代的古巴革命领袖之一，但是很少有人提到他是一位博学家。实际上，他是一位游记作家、有资质的执业医生、受尊敬的马克思主义哲学家、经验丰富的士兵和军事理论家,以及强有力的政治家和外交家。虽然他还不到40岁就被美国支持下的玻利维亚当局杀害,但法国哲学家让·保罗·萨特(Jean Paul Sartre)还是称他为"我们时代的完人"。

进入20世纪,帝国主义的统治开始面临来自地方活动家的强烈反对;这些活动家中,涌现出了一批新的博学家。他们当中许多人都是全才。所有人都受过良好的教育(通常在西方和本土文化两方面),从事专业化的工作,拥有哲学上完备的世界观;许多人作为士兵参加过战斗,领导过运动,写过反抗的诗歌,并且经常通过艺术和文学手段表达他们的反帝国主义思想。正是这种表达形式多元化的需要,激励他们(有些情况下是迫使他们)成为博学家。

菲律宾民族英雄何塞·黎刹(José Rizal)是一位博学的革命家,年仅35岁就被西班牙殖民者处决。他最初的兴趣是法律,后来学习医学,在马德里中央大学(Universidad Central de Madrid)取得执业资格,成为一名眼科医生。许多人把黎刹描述为人类学学者。他对东方语言和文化进行了广泛研究,如汉语、日语和菲律宾语。他拥有出众的语言学习能力,在很短的时间里就掌握了20多种语言。

作为诗人,黎刹在全世界享有盛誉,他创作了35首诗歌,包括著名的绝命诗《我的诀别》(*Mi Ultimo Adios*)。最重要的是,他的诗激励了许多菲律宾人捍卫自由,反抗西班牙殖

潜 能

民者。他开始以散文和日记的形式撰写政治作品,建立了菲律宾联盟(*La Liga Filipina*)——后来成为革命组织卡蒂普南(*Katipunan*)的前身。在西班牙期间,他是西班牙报纸《团结报》(*La Solidaridad*)的专栏作家,呼吁要让菲律宾人民享有更多自由,以及改善政府治理、避免腐败和专制。黎刹还是一位出色的艺术家。作为画家,他使用棉布、贝壳、纸和帆布等不同材质,创作了许多水彩、油画和色粉作品,包括《基督受难像》(*Christ Crucified*)、《萨特妮娜·黎刹》(*Saturnina Rizal*)和《西班牙国徽》(*Spanish Coat of Arms*)。他画过许多速写,描绘了他去过的地方、历史纪念碑和生活中的人物。

黎刹的雕塑作品可能更加为世人所瞩目。著名的《科学战胜死亡》(*Triumph of Science over Death*)用一个高举火炬的裸女形象表现了启蒙运动从欧洲黑暗时代中崛起。他还为当时的很多重要人物雕刻了半身像,包括他自己的父亲。他使用的材质包括木头、黏土、蜡和陶土,最终创作了50多件作品。考虑到他的生命如此短暂,简直不知道他是怎么找到时间做这么多事的。此外,黎刹还是一个狂热的业余爱好者,国际象棋、击剑、音乐(长笛)和手枪射击都玩得不错。他还从事制图工作,绘制了包括棉兰老岛(Mindanao)在内的菲律宾许多地区的地图。黎刹也被称为"田园生活者"。这是因为他在农业方面的工作——他有多年经营农场的经验,在那里进行植物学研究,并种植了许多种类的植物。

第 3 章 世界的塑造者

黎刹无疑是多才多艺的。在他短暂的一生中，他成了一名有成就的医生、艺术家、诗人、活动家、通晓多种语言的人、业余爱好者和学者，他的工作跨越社会、物理科学和艺术领域。应该说，他的博学是一种反抗殖民压迫的形式。

通过在殖民地建立类似的制度，19 世纪的帝国主义统治者让专业文化在整个殖民世界广泛传播。殖民地官僚机构任用专家，在很大程度上限制了本地思想家和艺术家的知识自由。所以，像黎刹一样，许多反抗欧洲帝国主义的领袖人物都是以博学家的形象出现的。在南亚，穆罕默德·伊克巴尔（Muhammad Iqbal）是巴基斯坦的"知识奠基人"和国民诗人（他用多种语言写过 12 000 多行诗句）。他还是一位成功的律师，撰写了最早的乌尔都语（Urdu）经济学著作之一，并被誉为现代最伟大的伊斯兰哲学家之一。在乌尔都语中，他被称为"har-fun mawla"，意思是"一切艺术的大师"。

在非洲，塞内加尔革命家谢赫·安塔·迪奥普（Cheikh Anta Diop）是一位杰出的物理学家：将爱因斯坦的相对论翻译成他的母语沃洛夫语（Wolof），在黑非洲基础研究所（Insitut Fondamental d'Afrique Noire）建立了一个放射性碳年代测定法实验室，还写了一本关于核物理的书。然后，他将自己在遗传学、语言学、埃及学、人类学和世界历史方面的知识结合起来，撰写了经典之作《文明的非洲起源：神话抑或事实？》(*The African Origin of Civilization: Myth or Reality?*)。在这本书中，他凭借过硬的学术功底将历史和科学方面的观点融会贯通，为反殖民主义政治哲学提供了理论依据。作为政治理论家，他撰写了《黑非洲：一个联邦国家的经济和文化基础》(*Black Africa: The Economic and Cultural Basis for a Federated State*)。他在书中指出，只有成为一个单一的政治实体，非洲大陆才有可能发展经济、摆脱殖民征服、获得完全的自由。他还是一位实干家，在25年时间里，他创立了三个政党，形成了塞内加尔的主要反对党。

知识分子

博学型知识分子最典型的形式是哲学家。今天的哲学越来越被细分（逻辑学、形而上学、伦理学，等等），每个分支都有自己的专家；但是最初，哲学是一种包罗万象、无拘无束的探究方法，一种整体、全面的世界观。现代之前的传统哲学家为了更好地阐述他们的哲学世界观，会采取跨学科的综合方法，就各种主题提出问题。

亚里士多德被伯特兰·罗素（Bertrand Russell）称为第一位学者—哲学家。他在柏拉图学院（Plato's Academy）接受教育，然后被任命为马其顿皇家学院的院长，他在那里担任过三位未来国王的私人导师：亚历山大大帝（Alexander the Great）、托勒密（Ptolemy）和卡山德（Cassander）。在公元前335—前

323 年间的雅典，亚里士多德贡献了迄今为止全世界最为多元化的智力成果。他的研究无所不包。在自然科学方面，他研究并撰写了大量观察报告，涉及解剖学、天文学、胚胎学、地理学、地质学、气象学、物理学和动物学。在哲学方面，他的作品涵盖美学、伦理学、政府治理、形而上学、政治学、经济学、心理学、修辞学和神学。他还对教育学、外国风俗、文学和诗歌进行了研究和观察。他的作品构成了希腊知识的百科全书：他对当时存在的几乎所有人类知识领域都有所贡献，而且是许多新领域的创始人。英国历史学家布莱恩·马吉（Brian Magee）说："恐怕再也没有人比他懂得更多了。"费尔南多-阿梅斯托说："他精通我们认为彼此独立的不同领域，在今天看来这简直犯规，很少有人能在其中任何一个领域拥有超越他的影响力。"他可能是最早的博学型知识分子——以一种罕见的方式将知识的深度和广度协调起来。

虽然最早的博学型哲学家的典型代表是希腊人（亚里士多德就是其原型），不过到公元 10—13 世纪，伊斯兰哲学家建立起了自己的博学传统。在西方，伊本·西拿（Ibn Sina）是最著名的伊斯兰哲学家之一。他 10 岁就能背诵《古兰经》，21 岁就掌握了伊斯兰教育体系的所有分支。作为萨曼皇帝（Samanid the Emperor）的御医，他被允许进入大图书馆，这使他有机会将研究进一步拓展到其他领域。《灵魂治疗大全》（*Kitab al-Shifa*，又译为《治疗论》）是他总结毕生知识发现的集大成之作。这部大纲式的著作融合了众多哲学和科学元素，包括逻辑学、几何、算术、天文学、音乐和形而上学。许多人认为这部著作是同类作品中，由个人独立完成的篇幅最大、内容最丰富的一部。

一些博学型哲学家也是文化批评家。约翰·罗斯金（John Ruskin）写过几本建筑学方面的书，他的诗作赢得过著名的牛津大学纽迪吉特奖（Newdigate Prize），他写过地质学和植物学方面的论文，以及对亚当·斯密（Adam Smith）《国富论》（*The Wealth of Nations*）的批评；他还是同时代顶尖的艺术评论家和历史学家——他的多卷本《现代画家》（*Modern Painters*）至今仍然被公认为最出色的现代艺术批评作品之一。斯里兰卡艺术史学家阿南达·库马拉斯瓦米（Ananda Coomaraswamy）是一位可以与罗斯金比肩的人物，他是第一个让西方艺术家注意到印度艺术的人。库马拉斯瓦米也是一位哲学家和形而上学者，是"长青哲学"（perennial philosophy）的拥护者和传统主义学派（traditionalists school）的奠基人之一。作为一名矿物学家，他参与了斯里兰卡的地质调查。他是孟加拉文化复兴，以及斯瓦德希（*swadeshi*）独立运动的重要成员，通晓多种语言，包括拉丁语、印地语、冰岛语、法语、巴利语、希腊语、英语、梵语、波斯语和汉语。

博学型知识分子要么精通多个互不相关的学科（多学科），要么将看似分散的知识领域融会贯通，并在其中一个领域做

第 3 章 世界的塑造者

出重大贡献（跨学科）。美国作家艾萨克·阿西莫夫（Isaac Asimov）就是一个很好的例子，他出版的书刚好可以归入杜威（Dewey）图书分类法的全部十个大类。其中最著名的是他的科普作品和备受推崇的科幻小说。他的作品涵盖全部科学领域（化学、数学、物理、天文学、生物学、计算机、解剖学），主题也很广泛，涉及神学、文学、打油诗和 DIY。他总共写过 500 多本书和短篇故事，其中许多是在他去世之后出版的。

跨学科的学者对不同学科有着深入的了解（明白它们在全局中的位置），而不一定要在每个学科领域做出具体的贡献。也就是说，他们为了理解全局而进行综合，反之亦然。例如，一些最优秀的社会学家展示出将多种知识融为一体的超强的综合能力。为了总结出《资本论》中阐述的资本主义社会的运行法则，卡尔·马克思显然从经济学、政治学、社会学、历史、文学和心理学领域汲取了广泛的知识；最终，他的这一假说深刻地影响了整个 20 世纪的世界政治格局。马克思主义学者大卫·哈维（David Harvey）说："对马克思来说，新知识从本质上截然不同的概念集中产生，相互摩擦，点燃革命之火。"他意识形态上的对手亚当·斯密也拥有广博的知识，包括物理、天文学、法律、历史和形而上学（他在每个领域都有重要著述），他将所有这些知识融为一体，在《国富论》中阐述了他影响深远的经济哲学。有些学科，比如天文学的影响可能不那么直观，但这无疑为他的思想提供了科学的背景和框架。

潜　能

与隶属于宗教或学术机构的思想家相比，那些以写作为职业的人受到的限制往往更少（尽管在许多情况下，他们也要受制于出版商）。多才多艺的作家能够自由地探索不同领域，有时候还使用不同的笔名。在现代之前，他们通常以散文家的身份出现。欧洲文艺复兴时期的作家乔瓦尼·皮科·德拉·米兰多拉（Giovanni Pico della Mirandola）是一位饱学之士，他汲取和整合世界上所有可以获得的知识，成为文艺复兴时期人文主义哲学的奠基人之一——他的革命性演说《论人的尊严》（Oration on the Dignity of Man）被誉为"人文主义宣言"。文艺复兴时期的英国作家托马斯·布朗（Thomas Browne）在医学、宗教、哲学、植物学、考古学、驯鹰术、音乐和数学方面都有权威著述。与他同时代的法国作家米歇尔·德·蒙田（Michel de Montaigne）的著名散文集也展现了类似的博学多才。

小说家经常展现出惊人的广博知识，这对他们的故事创作至关重要。俄国作家列夫·托尔斯泰是有史以来最负盛名的作家之一，他的小说（尤其是《战争与和平》）熔宗教、历史、战争、政治、艺术、文学、经济、农业、社会和哲学于一炉。文学世界中这样的综合高手还包括英国的奥尔德斯·赫胥黎（Aldous Huxley）和意大利的翁贝托·埃科（Umberto Eco），他们在各自的作品中展示了对多元化主题的深刻理解。当然，他们当中有些人，比如阿西莫夫，本身就在众多领域有所建树。

最好的"世界历史"通常是由博学的历史学家撰写的，无论是地理、文化、经济还是科学，他们在各个领域都能游刃有余。例如，10世纪的阿拉伯历史学家马苏第（Al-Mas'udi）撰写了《黄金草原与宝石矿》(The Meadows of Gold and Mines of Gems)，这是一部综合了多种伊斯兰科学的编年体世界史。13世纪的突尼斯历史学家伊本·赫勒敦创作了有史以来最优秀的综合性历史著作之一——《历史绪论》(Muqaddimah)。本质上，这是一部关于人类文明兴衰的百科全书式的论著，巧妙地融合了哲学、历史、神学、经济学、政治理论、社会学、自然科学和地理学的核心要素，并在这个过程中形成了一个新的学科门类——社会科学。普利策奖得主、历史学家威尔·杜兰特（Will Durant）认为，到了20世纪，历史已经变得越来越支离破碎，他的目标是将历史的方方面面加以整合。最终，他完成了多卷本的历史著作《世界文明史》(The Story of Civilization)。在这本书中，他试图"从整体上看待事物，在历史的长河中追求透视、统一和理解……"。雅各布·布洛诺夫斯基（Jacob Bronowski）通过他的《人之上升》(Ascent of Man)一书和同名电视纪录片，综合运用数学、物理、生物学、哲学和文学知识来解释人类崛起的历史。

教育家

公元前47年，尤利乌斯·恺撒（Julius Caesar）任命马库斯·特伦提乌斯·瓦罗（Marcus Terentius Varro）管理罗马的公共图书馆，昆体良（Quintilian）[①]曾将瓦罗称为"最有学问的罗马人"。在此之前，瓦罗曾在罗马和雅典学习，并在庞贝当过士兵和政治家。他的《修养九书》(Nine Books of Disciplines)成为后来百科全书编纂者的模板。这本书提出了培养罗马人高贵品性的九大学科：文法、修辞、逻辑、算术、几何、天文学、音乐理论、医学和建筑学。后来的作家在瓦罗这份清单的基础上，定义了七个经典的"中世纪学校人文学科"。

瓦罗不满足于做一个通才，他还热衷于为罗马做出自己的学术贡献。他一生创作了 74 部拉丁语著作，涉及面极广，其中许多作品在科学、语言学和历史领域做出了杰出的贡献。他编纂的《瓦罗年表》(Varronian Chronology)是编年史上的重要成就，收录了 700 多位希腊和罗马名人的简短传记。在农业百科全书《论农业》(De Re Rustica)中，瓦罗推测死水污染可能影响人类健康，这一理论后来被 16 世纪的科学家吉罗拉莫·弗拉卡斯托罗（Girolamo Fracastoro）证实。《论拉丁语》(De lingua Latina)不仅是一部语言学著作，而且附带提供了各种学科的宝贵信息来源。

在瓦罗之前，古代世界的伟大教育家都是圣人，他们的知识有的来自个人经验，有的来自形而上的来源。他们当中许多

[①] 古罗马律师、教育家、修辞学家和演说家。——译者注

第 3 章 世界的塑造者

人拥有可以应用于多领域教学的普遍知识。例如，中国春秋时期的孔子就是一位百科全书式的老师，教授历史、诗歌、政事、礼法、数学、音乐、占卜和体育。他本人"就像苏格拉底，一个人就是一所大学"。在与日常生活有关的一系列实际问题上，他们是可靠的知识来源。古印度的泰米尔诗人悌儒维鲁瓦（Thiruvalluvar）创作了《古腊箴言》（*Thirukural*）。这本书提出了一系列实用的伦理和实践准则，包括美德（家庭事务、自律、忠诚）、财富（就业、勇毅、学习）和爱情（求爱、美貌、亲密关系）。类似地，希腊哲学家伊壁鸠鲁（Epicurus）写了 300 多部关于"自助"的书，内容涉及现实生活的各个方面，包括《论爱情》（*On Love*）、《论正义》（*On Justice*）、《论自然》（*On Nature*）和《论人类生活》（*On Human Life*）。

在古代历史上，通过圣人的口耳相传，知识（包括真实的和虚假的）开始零星地传播和发展。世界各地陆续出现了一群新的教育家，像瓦罗一样，他们开始以百科全书的形式将这些知识收集和组织起来。通过学习、编辑和分享，这些百科全书编纂者成为历史上最有影响力的教育家。最好的百科全书编纂者学识渊博、无所不知，是真正的博学家。他们编辑的百科全书条目繁多，包括人物、地点、事件、物体和其他现象，还有些条目是他们自己撰写的。

这一传统有许多传人。罗马百科全书编纂者奥卢斯·科尔涅利乌斯·凯尔苏斯（Aulus Cornelius Celsus）编撰了一部综合性的百科全书，包括所有主要方面的知识，条目涵盖医学、农业、战争和法律。虽然只有《论医学》(De Medicina)一卷存世，但和凯尔苏斯同时代的人告诉我们，他对当时罗马人的生活无所不知。中国唐代官员杜佑花了36年时间编撰《通典》。这是一部200卷的百科全书，收录了所有已知的知识，分为食货、选举、职官、礼、乐、兵、刑、州郡、边防九门。

16世纪，德国加尔文教派牧师约翰·海因里希·阿尔斯泰德（Johann Heinrich Alsted）用二十年时间独立编撰了一部七卷本的百科全书。然后，法国启蒙运动期间，哲学家德尼·狄德罗主编了有史以来最受欢迎的百科全书之一。狄德罗想要通过这部《百科全书》(Encyclopédie)将海量的人类知识加以综合，"改变人们的思维方式"。《百科全书》被认为是法国启蒙哲学的重要代表作，狄德罗本人也被誉为那个时代的重要哲学家之一。

但是，到了19世纪，可以获得的知识呈指数式增长，已经超越了单一的百科全书的容量。1805年出版的《大英百科全书》(Encyclopaedia Britannica)的附录写道："一个人无论多么天赋异禀并且孜孜不倦，都不可能成为行走的百科全书。"如今，像维基百科（Wikipedia）这样的数字化公共百科全书的出现，已经取代了人们对个人博学家的依赖。但是纵观历史，百科全书在全世界的知识汇编和传播中始终发挥了重要的作用。

百科全书编纂者是教育者，他们对知识加以汇编；老师和教授也是教育者，他们通过学院、大学和其他学习场所，将知识有效地传播到更广阔的世界（很多时候他们自己也是知识的贡献者）。百科全书是按照分门别类的形式组织的，很快，学院和大学开始以类似的形式，将知识和老师按照彼此独立的学科组织起来。但是，许多最早的教育家都是全科目的老师。例如，柏拉图在他的学院中采用一种普遍的哲学探究方法，讲授（或者与学生一起调查）一系列今天认为互不相关的主题。后来在罗马时期，许帕提娅（Hypatia）是亚历山大港（Alexandria）的新柏拉图学派的领袖，他教授数学、天文学和哲学，在每一方面都是权威。

虽然在文艺复兴之前，大部分教学活动都是通过修道院等宗教机构进行的，但是在世界其他地区，包括西非，仍然存在专门的大学。在西非，桑海帝国（Songhai of Empire）继承了曼德王朝（Mande dynasty），并在15世纪逐步扩张为有史以来最大的伊斯兰帝国之一，鼎盛时期国土面积超过140万平方公里。艾哈迈德·巴巴（Ahmad Baba）是桑海帝国最著名的知识分子之一。他是一位法学、神学、语法和人类学学者，曾在世界著名的桑科雷大学（Sankor University）当了32年校长。他个人拥有约1 600册藏书——这是一项非常了不起的成就。要知道，古腾堡发明印刷术之前整个欧洲出版的图书总数可能都没有这么多。不过与他同时代的一些学者相比，这种藏书规模还不算稀奇。这一时期廷巴克图（Timbuktu，又译为"通布图")学术界搜集了惊人的 70 万册藏书,这些藏书一直保存至今。

18 世纪,玛丽亚·加埃塔纳·阿涅西(Maria Gaetana Agnesi)成为第一位女性大学教授。她被教皇本笃十四世(Pope Benedict XIV)任命为著名的博洛尼亚大学的数学、自然哲学和物理学教授。阿涅西是一位数学家、物理学家、哲学家、神学家,通晓多种语言,从小就学会了意大利语、法语、希腊语、希伯来语、西班牙语、德语和拉丁语,是公认的神童。她出版了《哲学命题》(Propositiones Philosophicae)一书,该书收录了一系列关于哲学和自然科学的文章。

18 世纪后,随着现代大学的兴起,世俗学术思想家开始成为现代教育家的典型代表。19 世纪的学者威廉·惠威尔(William Whewell)是现代欧洲第一位纯"学术"的博学家。他是剑桥大学三一学院院长,在神学、自然科学、历史、经济学、法律、建筑学、教育和哲学等领域做出了杰出的贡献。20 世纪初,英国博学型教授的典型代表是伯特兰·罗素,他的代表作《西方哲学史》(A History of Western Philosophy)充分体现了他在政治、历史、语言、数学和宗教(主要是基督教),以及哲学不同分支领域的知识,这使他成为现代历史上最伟大的哲学家之一。

美国的高等教育体系与英国类似。查尔斯·桑德斯·皮尔斯(Charles Sanders Pierce)是数学、化学、气象学、经济学、逻辑学、历史、语言学教授和哲学家，被同行称为"最博学多才的美国哲学家"。他是最后的博学型哲学家之一，因为从那以后，哲学本身作为一门学科变得越来越细分和专业化。随着计算机的兴起，社会科学和技术科学领域产生了跨学科思维和教学的需要。在这样的背景下，赫伯特·西蒙（Herbert Simon）担任过多个学科的教授，包括政治科学、经济学、社会学、认知心理学和计算机科学。他在每一个领域都做出了卓越的贡献。他是政治学教授，写过一部关于认知决策的专著，是人工智能研究方面的先驱，在图书馆学和教育学领域都有所建树，并于1978年获得了诺贝尔经济学奖。

神秘主义者

鲁道夫·斯坦纳（Rudolf Steiner）是哲学家和科学家，是歌德档案馆（Goethian Archives）最早的自然科学编辑。他最大的贡献是将科学、哲学和灵性完美地结合在一起。他将自己的"人智学"（anthroposophy）思想应用于生活的方方面面。

他建立了一套有机农业（生物动力）系统，该系统至今仍然在有机农业实践中广泛应用。在医学方面，他的工作为后来"补充医学"和"艺术和生物支持疗法"的蓬勃发展奠定了基础。作为建筑师，他设计过17座建筑，其中两座被认为是建筑史上的大师之作。作为画家，他的作品影响过约瑟夫·博伊斯（Joseph Beuys）和其他现代艺术家。作为剧作家，他创作过四部重要戏剧，并设计了一套表演体系，影响了俄国著名导演迈克尔·契诃夫（Mikhail Chekhov）。

为了传播人智学思想，他创办了华德福学校（Waldorf Schools）。这个学校体系的目标是让儿童受到更全面、更完整的教育。在两次世界大战之间，他成为一名杰出的政治活动家[他的《论社会更新》（Toward Social Renewal）成为国际畅销书]。他的社会影响力日益增长，他甚至与希特勒产生了矛盾，后者曾经试图诋毁他（但没有成功）。除了艺术、建筑、农业、教育、哲学和医学，他的思想还对银行和政治等领域产生了深远的影响。

斯坦纳当然不是唯一的在多个维度上对世界产生影响的神秘主义者。乔纳森·布莱克（Jonathan Black）在他的经典之作《世界秘史》（The Secret History of the World）中指出，历史上许多最伟大的头脑都与某种奥秘联系在一起。有趣的是，许多被他列为神秘主义者的人物——穆罕默德、达·芬奇、贝尼尼（Bernini）、卡罗尔、西塞罗（Cicero）、伏尔泰、哥白尼、富兰克林、爱迪生、培根（Bacon）、歌德、印和阗、莱布尼茨、牛顿、毕达哥拉斯（Pythagoras）和托尔斯泰——都精通多个（看似互不相关的）领域，并由此创造了历史。他们都是博学家。为了更好地理解神圣实存，他们需要获取各种形式的知识，在不同形式的知识之间建立联系并提出问题。因此，最伟大的形

第 3 章　世界的塑造者

而上学者和精神领袖通常都拥有最博学的头脑。

世界历史上最有影响力的神秘主义者对现实世界的理解，与对形而上学的理解一样深刻。他们像研究哲学一样研究神学。神秘主义者倾向于用整体论的方法来看待生活和思想，把世界看成相互联系的、同根同源的整体。他们不认为探索陌生领域是违反规则的。他们看到的一切都是统一的。

人类最古老的精神传统之一——印度教——无疑就是这方面的例子。阿毗那婆笈多（Abhinavagupta）是 10 世纪的印度神秘主义者。他写过戏剧、颂诗和诗歌，作过曲，写过关于唯美主义、瑜伽和神学的著作。最终，他将自己的作品加以整合，创作出百科全书式的湿婆宗（Shaivism）印度哲学经典——《怛特罗·洛伽》(*Tantrālok*)。

佛教中也不乏影响深远的博学型神秘主义者。罗桑丹贝坚赞是成吉思汗的后裔，是一位政治家和佛教僧侣，支持清王朝对蒙古的主权。在西方，他之所以被称为"蒙古的米开朗琪罗"，不仅是因为他是全国最著名的雕塑家之一（他的鎏金青铜佛像被视为国宝），而且因为他对整个地区的艺术、建筑和音乐（他创作过一些祈祷歌曲）产生了巨大的影响。

伊斯兰神秘主义在苏菲派传统中得到了最好的体现。10 世纪的波斯神秘主义者安萨里（Al Ghazali）是有史以来最受人尊敬的苏菲派学者之一。他之所以声名卓著，不仅是因为他在自然科学、神学、神秘主义、西方哲学、语法和法律等领域拥有广博的知识，更重要的是，他将这些知识融会贯通，在他的代表作《圣学复苏》(*Ihya' 'Ulum al-Din*)中用来支持他的哲学结论。

人类既是理性的动物也是灵性的动物，但无论倾向于哪一边，知识（无论是世俗的还是神秘的）都是一种永恒的追求。事实上，为了达到这个目的，理性的手段和神秘主义的手段经常被同时使用，有些人还认为这样更有效。古希腊哲学家在探究各种问题时既运用逻辑，也运用神秘主义，苏格拉底式的对话就是通过理性的探询引起意识状态的变化。

探险家

在英国皇家地理学会（Royal Geographical Society）的支持下，19世纪的探险家理查德·弗朗西斯·伯顿（Richard Francis Burton）开展了各种惊世骇俗的大冒险，包括乔装成南亚朝圣者去麦加朝圣、发现索马里和刚果的大湖，以及寻找尼罗河的源头。他写了很多游记。丰富的旅行经历、语言天赋和文化兴趣，使伯顿成为19世纪通晓多种语言的天才之一。据说他精通40种语言和方言，包括希腊语、乌尔都语、斯瓦希里语和希伯来语。他运用自己的语言能力翻译了印地语的《爱经》和阿拉伯语的《一千零一夜》。

伯顿的探险家生涯夹在军旅生涯和外交官生涯之间。他还

第 3 章 世界的塑造者

是一位高产的作家,除了游记与翻译的东方文学和文艺复兴文学作品之外,他还写过人类学论文和诗歌。此外,他还是击剑和驯鹰专家,并写过这两方面的专著。他的传记作者拜伦·费尔韦尔(Byron Farewell)写道:"人们常说,无论多么努力,都没有人能够同时拥有一切。但那只是因为没有人像理查德·弗朗西斯·伯顿那样努力过。"

所有的探险都源于好奇。君主、社会和公司是为了自己的利益委托探险家去探险。然而,对于探险家本人而言,他们的动机仅仅是渴望新发现。他们不是在寻找特定的东西,只是一路走一路找。当有所发现时,他们又渴望继续发现新的东西。这就是历史上许多探险家都是博学家的原因。

英国第一位博学型探险家沃尔特·雷利(Walter Raleigh)是伊丽莎白女王的廷臣,是典型的文艺复兴人。在人们的印象中,他主要是女王的宠臣,但事实上,在人生中的不同阶段,他还是诗人、探险家、军人、历史学家、政治家、商人、间谍和涉猎广泛的作家。18 世纪和 19 世纪,随着大英帝国的建立和扩张,越来越多的学者—探险家得以充分运用多方面的天赋去探索不同的文化。詹姆斯·阿特金森(James Atkinson)是驻孟加拉国的印度军队中的外科医生,获得过杜兰尼帝国勋章(Order of the Dooranee Empire)。他还是一位训练有素的艺术家,通过一系列关于阿富汗和旁遮普的速写和绘画记录了自己的军旅生涯。这些画作后来结集出版。此外,他的一些作品，包括一幅自画像，至今仍然在伦敦的国家肖像馆（National Portrait Gallery）展出。

阿特金森还是《加尔各答公报》（*Calcutta Gazette*）的编辑，这是印度最早的英文报纸之一。后来，他又在新的《政府公报》（*Government Gazette*）担任编辑，继而成为这家报社的社长。作为学者和语言学家，他精通东方语言，后来成为威廉堡学院（Fort William College）的波斯语副教授。

除了对人类学、艺术和语言学的兴趣之外，18世纪和19世纪探险的另一大推动力是科学。亚历山大·冯·洪堡（Alexander von Humboldt）是现代历史上最伟大的学者、探险家和博物学家之一。他被称为"最后一位伟大的科学通才"，也是"18世纪和19世纪最伟大的统一论思想家"之一，对各种自然科学，包括植物学、地质学、人类学、海洋学、动物学和解剖学都做出了重要的贡献。他花了五年时间周游了拉丁美洲，然后又在俄国留下了9 000英里的足迹。在21年的时间里，他在旅行途中创作了大量科学作品，并汇编成册，陆续出版，其中最著名的是五卷本的《宇宙》（*Kosmos*，1845）。他在这本书中试图将科学知识的各个分支加以统一。作为一名热心的语言学家，他还对他游历过的各个地区的语言进行了研究。

英国探险家弗朗西斯·高尔顿（Francis Galton）是为数不多的不处于象牙塔的科学家之一，选择周游世界而不是在书斋里闭门造车。他甚至写过一本畅销书《旅行的艺术》（*The Art of*

Travel）。他将他的观察应用于不同的文化和地理环境，在许多学科取得了突破性的进展，包括气象学（反气旋和第一幅流行的气象图）、统计学（回归和相关性）、心理学（联觉）、生物学（遗传的性质和机理）和法医学（指纹）。高尔顿是英国兴起的优生学运动的先驱。

20世纪初见证了多边主义的诞生和国际联盟的形成。一种新的"全球政治家"开始出现。挪威和其他斯堪的纳维亚国家一样，采取了外交中立的政策。可能正是出于这个原因，挪威人弗里乔夫·南森（Fridtjof Nansen）被任命为国际联盟难民事务高级专员。他为在第一次世界大战和相关冲突中流离失所的难民做了大量的工作，为此获得了诺贝尔和平奖。他推出的举措包括为无国籍人士提供"南森护照"，这种身份证明得到了50多个国家的承认。不过在此之前，他还是一位运动员、动物学家、神经学家、海洋学家、历史学家、旅行作家、北极探险家和外交官。18岁时，他打破了一英里滑冰世界纪录，次年赢得了全国越野滑雪锦标赛的冠军，随后又11次赢得这一荣誉。

退役之后，他放弃了对绘画的热情，转而研究动物学，成为卑尔根博物馆（Bergen Museum）动物分馆的馆长。他对低等海洋生物的中枢神经系统进行研究并发表了相关论文，后来成为皇家弗雷德里克大学（Royal Frederick University，今奥斯陆大学）的动物学教授。南森后来的科学研究从动物学转向海洋学。他受英国皇家地理学会的委托，于1911年出版了两卷本的《在北方的迷雾中》(*Nord i Tåkeheimen*)。这本书记录了直到16世纪初的北方地区探险史。他参加过两次北极探险：第一次是在27岁时，带队滑雪穿越格陵兰岛内陆冰盖；第二次是五年后，乘前进号（Fram）极地探险船航越北冰洋，创造了到达北纬86°14′的纪录。作为一名外交家，他在1905年挪威和瑞典联盟解体中发挥了重要的作用，后来被任命为挪威第一任驻伦敦大使，在谈判中成功地为挪威争取了独立地位。

科学家

根据查尔斯·默里（Charles Murray）对人类成就的广泛研究，在历史上20位最具影响力的科学家中，有15位实际上是博学家。心理学家罗伯特·鲁特-伯恩斯坦（Robert Root-Bernstein）针对获得诺贝尔奖的科学家开展了类似的研究，也得出了同样的结论。这还没有考虑现代西方以外的科学史上的情况。

汉学家牟复礼（Fredrick Mote）指出，沈括"可能是中国科学史上最有趣的人物"。宋朝士大夫的知识和文化多面性在他身上得到了完美的体现。他在包括数学、天文学、解剖学、地质学、经济学、光学，以及土木和机械工程在内的众多科学领域都颇有建树。作为工程师和发明家，他改进了浑天仪、水钟和青铜日晷（用指针的影子表示正午）。事实上，他是第一个发现指南针不是指向正北，而是指向地磁北极的人。作为数学家，他曾用数学计算围棋的无穷变化。他曾提举司天监，为新皇制定了新历，并观察了星体的运动。后来，他还担任过管理全国财政的最高长官三司使；他在供求理论、价格预测方法、货币供应、价格控制和市场干预方面著述颇丰，是他那个时代最杰出的经济学家之一。

他还是著名的政治家和文化符号，是伟大的诗人、画家和音乐家。沈括虽然对科学和艺术的主要贡献集中在实践领域，但最终将自己的全部知识写成了一部百科全书式的专著《梦溪笔谈》——内容涵盖数学、音乐、艺术评论、天文学、历法、制图学、地质学、光学和医学等各个方面。这是一部博学的大师之作，被公认为中国宋朝最重要的智力成果之一。

李约瑟（Joseph Needham）是研究中国科技史的最重要的西方学者之一。他说，中国人注重"事物的整体性质以及事物之间和谐而具层级性的关系"，这使得中国人能够以一种同步、关联的方式理解各种各样的自然现象。16世纪和17世纪的明朝，涌现了许多著名的百科全书式的自然科学学者。李时珍是中国传统医学、草药学和针灸的先驱，《本草纲目》显示了他非凡的学识。这本书共收录1 892个条目，涉及植物学、动物学、矿物学和冶金学等多个学科。宋应星编纂了第一部综合性科学百科全书《天工开物》。虽然中国有着编纂百科全书的悠久历史，但《天工开物》的独特之处在于：它并未使用现成的文献，而是完全由宋应星根据自己的知识和经验写成。这使得宋应星不仅是一个百科全书编纂者，还对许多科学领域做出了重要的贡献。

自文艺复兴时代以来，英国科学家中的博学家就屡见不鲜。实际上，艾萨克·牛顿（Isaac Newton）写的神秘学著作比他的科学著作还要多，而他在科学方面的成就与贡献丝毫不逊色于历史上任何一位科学家。作为数学家，他（与莱布尼茨共同）发明了微积分，证明了广义二项式定理，提出了一种近似求方程根的方法，并对幂级数的研究做出了贡献。他是物理学的奠基人（至少在西方人看来是这样），他在《自然哲学的数学原理》（*Principles of Natural Philosophy*）一书中阐述了万有引力和三大运动定律，并消除了人们对日心说的最后怀疑。他建造了第一架反射望远镜，基于对棱镜将白光分解成多种颜色、形成可见光谱的观察，发展出了色彩理论。他还提出了冷却定律，并对声速进行过研究。与牛顿同时代的罗伯特·胡克（Robert Hooke）被历史学家阿兰·查普曼（Allan Chapman）称为"英国的达·芬奇"，他也对许多学科做出了贡献，包括天文学、万有引力、空气动力学、机械工程、燃烧和氧化、心理学和显微镜学。他利用自己在科学方面的专长，充分发挥他作为建筑师的艺术天赋，在1666年伦敦大火之后设计了许多重要的建筑。

尽管在启蒙运动期间，学术界变得越来越专业化，但是仍

第 3 章　世界的塑造者

然有一些知识分子与这种趋势格格不入。托马斯·杨（Thomas Young）被他的传记作者称为"最后一个无所不知的人"。他开办过自己的医疗机构，出版过重要的生理学、光学和物理学著作，作为物理学教授提出了光的波动理论。更有意思的是，他通晓多种语言，研究了 400 多种语言的语音，并破译了罗塞塔石碑上的埃及象形文字［这项工作后来是由商博良（Champollion）完成的］。他还提出了一种乐器调音方法，该方法现在称为杨氏调律（Young Temperament）。

直到 19 世纪，科学研究的世界一直由男性主导。玛丽·萨默维尔（Mary Somerville）受到实用知识传播协会（Society for the Diffusion of Useful Knowledge）的委托，翻译了一些深奥的科学著作。这个组织的目标就是让科学知识在公众读者中得到更迅速的传播。她在许多科学领域从事科普工作，以引人入胜的写作风格著称。后来，她开始创作自己的科学作品，包括《论物理科学的联系》（*On the Connexion of the Physical Sciences*）、《自然地理学》（*Physical Geography*）和《分子与显微科学》（*Molecular and Microscopic Science*）。她还推动了数学领域的发展，创造了代数中使用的"变量"这一术语。她是英国皇家天文学会（Royal Astronomical Society）最早的女性会员之一。她去世时，《伦敦早报》（*London's Morning Post*）称她为"19 世纪的科学女王"。

乔治-路易·勒克莱尔（Georges-Louis Leclerc），又称布丰

潜　能

伯爵，无疑是启蒙运动时期的"自然史之父"。他是当时最伟大的科学百科全书《自然史》(*Historie Naturelle*)的作者。这部44卷的巨著整合了自然知识的各个分支。在其他作品中，他将微积分引入概率论，研究了木材的性质，探索了太阳系的起源，并成为人类同源说的主要支持者。启蒙时期的瑞典科学家卡尔·林耐(Carl Linnaeus)在科学日益专业化的时代，对人体解剖学、植物学、动物学和地质学进行了坚持不懈的研究，被公认为全面的博物学家。他是人类、植物、动物和矿物分类的先驱之一。德国的赫尔曼·冯·亥姆霍兹(Herman von Helmholtz)也是启蒙运动时期的博学型科学家之一。他是一位杰出的医生、物理学家和心理学家，并最终成为20世纪最重要的科学哲学家之一。

还有一类人被称为"系列发明家"。他们设计和制造各种各样的设备，在不止一个科学领域展现出能力和才华。古希腊发明家阿基米德(Archimedes)就是"系列发明家"的一个经典例子（或许也是最早的例子）。作为天文学家、物理学家、数学家和工程师，他做出了科学史上一些最重要的发明。他采用穷竭法，通过对无穷级数求和来计算抛物线的面积，给出了一个相当准确的圆周率近似值。他还定义了以他名字命名的螺线，提出了旋转曲面的体积公式，以及一套记大数的巧妙方法。他证明了球体的体积和表面积分别为其外切圆柱体（包含底面）的体积和表面积的三分之二，并认为这是自己最伟大的数学成就。他在物理学方面的成就包括静力学、流体静力学基础和对杠杆原理的解释。他设计了许多创新性的机器,包括投石机和以他名字命名的螺旋泵。

9世纪的天才阿巴斯·伊本·菲尔纳斯（Abbas ibn Firnas）是一位执业医师。作为工程、物理、生物、天文学和化学等领域的发明家,他的职业生涯异彩纷呈:他设计了一台叫作Al-Maqata的水钟;发明了一种无色玻璃制造方法;制作了各种玻璃球面天体图;磨制出矫正视力的镜片,或者叫"阅读石";开发了一种可以模拟行星和恒星运动的链条;制造了一种节拍器;发明了一种水晶矿石的切割方法,在此之前,西班牙需要向埃及出口石英以便切割。不过,他最重要的发明（却不太为西方所知）是一副专门为飞行实验设计的机翼。根据许多文献的记载——有些可靠,又有些不那么可靠——他成功地利用这副机翼进行了滑翔,但由于缺少尾翼,着陆时失误弄伤了后背。这是有历史记载的最早的人类飞行实验。

艺术家

9世纪时,齐亚卜（Ziryab）几乎凭一己之力改变了安达卢西亚的审美文化。作为一名才华横溢的年轻音乐家,他应邀为安达卢西亚的哈里发开办学校,培训歌手和音乐家,并将著名的波斯鲁特琴引入安达卢西亚,这种乐器后来演变为西班牙吉他；他还引入了波斯和美索不达米亚的歌曲、旋律和舞蹈，这些艺术形式后来与吉卜赛的影响相互融合，形成了著名的西班牙弗拉门戈。作为音乐理论家和作曲家，他对传统曲目的韵律和节奏进行重新编排，创造了双韵体和民歌体等新的表达方式。

在科尔多瓦的阿卜杜勒-拉赫曼二世（Abdar-Rahman Ⅱ）的宫廷，齐亚卜成为一个时尚偶像、潮流引领者和美食家。他被视为模范廷臣，并开始训练人们在宫廷中的行为和礼仪——比16世纪意大利文艺复兴时期的巴尔达萨尔·卡斯蒂廖内写《廷臣论》早了好几个世纪。他为拉赫曼二世的宫廷引入了新的发型、烹饪方法、穿衣品味、卫生保健、社交礼仪、饮食习惯、桌布、餐桌礼仪、时装、水晶玻璃器皿，以及国际象棋和马球等游戏。齐亚卜的创意天赋体现在宫廷文化的方方面面。

现代早期之前，"艺术"指的是人类学习的全部范畴。在欧洲，艺术包括七门人文科学（语法、修辞学、逻辑、算术、几何、音乐和天文学）——在早期的大学中教授，还有许多手工艺术（如编织、石匠、军事、狩猎、商业和烹饪）——在行会中教授。在欧洲自文艺复兴以来，世界其他地方还要更早一些，艺术被重新定义为那些"专注于创意表达、由技巧和想象力产生、具有突出美学价值的作品"。今天的艺术包括视觉艺术（绘画、雕塑、摄影）、表演艺术（音乐、电影、戏剧）和文学艺术（诗歌、小说和剧本）。一些富于创造性的博学家在所有这些不同的艺术形式上都展现出非凡的才华。当我们谈到艺术家的灵魂时，说的就是他们。

这是意大利文艺复兴的一个决定性特征。像米开朗琪罗这样的"通才"（uomo universale）就是在这样的背景下诞生的。他是那个时代最著名的画家、诗人、雕塑家和建筑师之一。作为雕塑家，他创作了《圣母怜子》(Pietà)和《大卫像》(David)等杰作；作为画家，他创作了西方艺术史上最有影响力的两幅壁画：罗马西斯廷教堂穹顶上的《创世纪》(Genesis)和祭坛墙上的《最后的审判》(The Last Judgment)。作为建筑师，米开朗琪罗开创了圣洛伦佐图书馆（Laurentian Library）的矫饰主义风格，并成为圣彼得大教堂（St Peter's Basilica）的建筑设计师。他修改了原来的图纸，重新设计了教堂西翼。作为诗人，米开朗琪罗写了一系列脍炙人口的讽刺短诗和十四行诗。在他生命中的不同阶段，他所爱的人为这些诗提供了灵感，他也将这些诗献给他们。

与齐亚卜和米开朗琪罗一样，最伟大的艺术家是文化运动的定义者和发起者。他们影响的不仅仅是一种艺术形式，而是整个环境。马里奥·德·安德拉德（Mário de Andrade）是巴西现代主义艺术、音乐和文学的先驱，是20世纪30年代圣保罗先锋运动的核心人物。在很大程度上，他的诗歌《幻觉之城》(Paulicéia Desvairada)和小说《丛林怪兽》(Macumnaima)融合了巴西本土的民间传说，开创了巴西的现代主义。他的旅行

潜 能

日记《学徒旅行者》(*The Apprentice Tourist*)中收录了他的许多摄影作品,引起了现代主义运动的普遍关注。安德拉德是一位著名的艺术评论家和历史学家,也是最早关注民族音乐学的巴西学者之一。由于他对视觉、文学和表演艺术的贡献,安德拉德被视为一个"完整的"艺术家,以及一场文化运动的发起者和代表人物。

印度也有一位这样的艺术天才。拉宾德拉纳特·泰戈尔(Rabindranath Tagore)被他的传记作者安德鲁·罗宾逊(Andrew Robinson)称为"万心人"。他是一位诗人、作曲家、画家、小说家和剧作家。更重要的是,他是一位多面的知识分子和政治活动家,对宣传民族主义和反帝国主义文化产生了重要的影响,且这种影响一直持续到今天。在伦敦短暂逗留学习法律后,泰戈尔回到印度,隐居在他的庄园里创作诗歌和短篇小说。他的三卷本短篇小说集共收录了84个故事,其中一半以上是在这段"修行"(sadhana)时期(1891—1895年)创作的。他还写过8部长篇小说、4部中篇小说和许多广受好评的戏剧,如《邮局》(*Dak Ghar*)、《昌达尔姑娘》(*Chandalika*)和《红夹竹桃》(*Raktakaravi*)。他将自己的许多作品翻译成英文自由诗,并于1913年获得诺贝尔文学奖,是亚洲第一位诺贝尔文学奖得主。

他的诗歌对许多国际知名作曲家产生了深远的影响,其中许多被谱成音乐。泰戈尔自己写过大约2 230首歌曲,这些歌曲已经成为孟加拉文化不可或缺的一部分。他也成为历史上唯一为两个不同国家谱写国歌的作曲家：1911年的印度国歌《人民的意志》和孟加拉国国歌《金色的孟加拉》（这首歌的创作时间更早，1971年孟加拉国宣布独立时被用作国歌）。此外，他的许多诗歌和其他作品都被用作歌词，共同构成了一种新的音乐类型，称为"泰戈尔歌谣"。

泰戈尔60岁时开始画画。他的艺术形式不拘一格，包括油画、粉彩和水墨画，引起了全世界艺术评论家的兴趣。他还在欧洲举办过许多成功的展览。泰戈尔不仅是博学的艺术家，还是印度历史学家和精神导师，在文章和演讲中探讨过上帝的本质；他还是一位语言学家，写过关于孟加拉语语法的论著。泰戈尔的主要哲学著作《人生的亲证》（*Sadhana: Realisation of the Self*）试图在人与自然之间建立起联系。

有些文化其本身就要求艺术家必须多才多艺。例如，西非的乐史官起源于15世纪繁荣的马里帝国（Malian Empire），他们通常是音乐家、诗人、歌手、舞蹈家、讲故事人、艺术家和历史学家。直到今天，对于那些坚持本土创作方法的非洲艺术家来说，多种艺术形式的综合仍然是自然之道。南非艺术家皮蒂卡·努图利（Pitika Ntuli）在《心之风暴》（*Storms of the Heart*）一书中表达了这种观点：

> 在我的祖国和我长大的斯威士兰（Swaziland），

> 多种艺术形式的融合是一件理所当然的事，一个人既是诗人和雕塑家，也是音乐家和演员。在典礼和仪式中，所有的艺术形式交相辉映……到了英国以后，我发现自己仿佛生活在不同的隔间之中。每个隔间都密封得严严实实，独立得令人窒息。

18世纪和19世纪欧洲浪漫主义将艺术作为一种有力的工具，对抗启蒙运动中他们所谓的过度理性主义，结果诞生了一批多才多艺的艺术家。德国浪漫主义艺术家贝蒂娜·冯·阿尔尼姆（Bettina von Arnim）就是这一时期著名的女性博学家之一。她是一位出色的音乐家、歌手、雕塑家、绘图师和小说家。她是歌德的朋友，尽管她被认为是一个怪人（那时候任何女性博学家都会被认为是怪人），但是她多方面的艺术才华反映了德国浪漫主义的普遍特征。与她同时代的德国作曲家理查德·瓦格纳（Richard Wagner）创作了《女武神的骑行》（*Ride of the Valkyries*）和《特里斯坦与伊索尔德》（*Tristan und Isolde*）等脍炙人口的作品。但鲜为人知的是，他还是一位戏剧导演和艺术理论家。他的"总体艺术观"（gesamtkunstwerk）通过综合诗歌、视觉、音乐和戏剧艺术来创作"整体艺术作品"，为歌剧带来了革命性的变革。

20世纪后半叶，电影的发明和普及为那些在视觉、表演和文学艺术方面拥有全面才华的艺术家开辟了新的舞台。法国的让·谷克多（Jean Cocteau，又译为"科克托"）是20世纪最多才多艺的艺术家之一，在20世纪前半叶致力于推广先锋文化。作为才华横溢的作家，他出版过50多本诗集，写过20部广受好评的戏剧，执导过六部电影，自己出演了其中四部——《美女与野兽》（Beauty and the Beast）和"奥菲斯三部曲"（Orphic Trilogy）。这几部影片都是法国诗意电影的经典之作。谷克多在视觉艺术领域也做出了重要的贡献，他创作了大量图形和造型艺术，包括从铅笔、蜡笔、色粉、油漆和钢笔绘画，到海报、墙壁装饰、石版画、陶瓷和挂毯。他是20世纪中叶法国最耀眼的名流之一，还曾经涉足芭蕾、邮票设计和雕塑领域。意大利的皮埃尔·保罗·帕索里尼（Pier Paolo Pasolini）也是如此，他在电影制作、绘画和文学方面同样出色。他十几岁时就出版过诗歌作品，不久之后写出了颇具争议的小说《求生男孩》（Ragazzi di Vita）。这本书激怒了当时的意大利当局，但是受到评论界的广泛赞誉。随后，他创作了许多诗歌、短篇小说和散文，以及六部戏剧——其中大部分都对当时的宗教和政治现状提出了挑战。他在电影方面的工作也极具争议。作为编剧和导演，他的电影《乞丐》（Accatone，1961）、《罗戈帕格》（Ro Go Pa G，1963）和《马太福音》（The Gospel According to St. Matthew，1964）被认为亵渎了神明，但是受到评论界的好评。他为50多部电影和纪录片创作了剧本，出演过其中一些，并为其中一些作曲。此外，他的视觉艺术作品在全世界举办过展览，包括风格独特的素描、油画和速写。

企业家

本杰明·富兰克林是美国历史上新时代创新精神的化身。他非常年轻时就是一名成功的报纸编辑和印刷工人，发行了《宾夕法尼亚纪事报》（Pennsylvania Chronicle）和《宾夕法尼亚公报》（The Pennsylvania Gazette）等讽刺报纸；《穷理查年鉴》（Poor Richard's Almanack）让他赚到了第一桶金。在这本书中，他贡献了许多脍炙人口的谚语和寓言。他创立了"共读社"（junto club），这是一个知识分子社团，目的是讨论科学与哲学问题，以及促进个人的自我发展。

作为科学家，富兰克林在国际上声誉日盛。他更关心科学的实际应用而不是理论，开展了著名的电学实验；他有许多发明，包括避雷针、双光眼镜、富兰克林壁炉和马车里程表。他还在气候学、海洋学和人口学方面取得了突破。

美国独立战争后，他参与起草了《独立宣言》和《美国宪法》；1783年，他参与了标志着独立战争结束的《巴黎条约》的谈判。由于曾在欧洲广泛游历，与欧洲知识界接触密切，他成为国际上最知名的美国开国元勋，后来又成为一名成就斐然的外交家和推动美法关系积极发展的重要人物。他后来担任过许多公共职务，包括美国第一任邮政局长和宾夕法尼亚州州长。他建立了许多组织和机构，如费城警察局、消防局、会员图书馆和美国哲学学会（American Philosophical Society，他本人担任会长）。

他是30多个知识分子俱乐部和社团的成员，也是一个狂热的业余爱好者：他是优秀的音乐家和作曲家（发明了玻璃琴），是美国殖民地第一位知名的国际象棋棋手。作为作家，他写了一本自传和大量书信，内容涉及科学、道德哲学、国际象棋和奴隶制度。

管理一个成功的组织（如公司、慈善机构、学术机构或跨国组织）需要将组织的方方面面有效地加以融合。"组织"（organisation）这个词是由"器官"（organs）衍生而来的，意思是由具有不同功能和特征的器官组成的身体。最优秀的商业领袖必须深入了解组织中的不同部门并参与其中，包括金融、法律、沟通、技术、贸易，以及产品和行业知识。

能够做到这一点的企业家不只是普通的经理人。他对业务的每个维度都了如指掌，因此知道每个维度如何与公司整体相适应。人们可能把苹果公司创始人史蒂夫·乔布斯（Steve Jobs）视为这类商业领袖的典范。从技术工程和艺术设计，到市场营销和财务管理，他对公司的方方面面都有全面的把握。他能够有效地将这些部门整合起来——用他自己的话说，"把点连成线"——这种能力帮助他打造了21世纪最具创新精神、

潜　能

最有影响力和最成功的公司之一。

美国实业家托马斯·爱迪生（Thomas Edison）是有史以来最高产的发明家之一，拥有1 093项美国专利和许多欧洲专利。他也是最早在商业领域大获成功的世界级发明家之一。他雇用了许多研究人员、科学家和发明家，尽管他是否亲身参与了每一项发明还存在争议，但毫无疑问，获得专利的大多数甚至全部项目都是在他的指导和监督之下完成的。他的发明涉及电气、化学和机械工程，具有高度的广泛性和革命性，其中包括留声机、电灯泡（在此之前已经尝试过建立一套切实可行的照明系统）、最早的商用荧光屏（使用X光成像）、股票自动报价机（最早的数字电子通信媒介，通过电报线路传输股票价格信息）、早期的电影摄影机和活动电影放映机。

企业家当然不是美国独有的。但美国是现代资本主义和工业的化身，培育了一种创业和创新的文化。许多最伟大的实业家都是美国人，还有那些拥有科学背景、知道如何推广最新的技术进步（并从中谋利）的人。富兰克林、爱迪生和乔布斯之所以拥有如此巨大的影响力，不是因为他们积累了巨额财富，而是因为他们富有远见卓识，且通过他们的商业活动打破了现状，将新的思想和产品引入市场，并由此深刻地改变了世界。

人道主义者

阿尔贝特·施韦泽（Albert Schweitzer）是现代哲学史上的代表人物，他在哲学、音乐、医学、神学和人道主义等各个领域都做出了重要的知识和文化贡献。虽然施韦泽的思想在某种程度上受到印度哲学的影响（他也写了一本关于印度哲学的书），但他的主要活动还是在基督教的框架下进行的。他在斯特拉斯堡的威廉皇帝大学（Kaiser-Wilhelm-Universität）学习新教神学，在索邦大学以"康德的宗教哲学"（The Religious Philosophy of Kant）为题完成博士论文，之后成为斯特拉斯堡的圣尼古拉教堂（church Saint-Nicolas）的执事。获得神学执业资格后，他被任命为助理牧师，次年成为圣托马斯神学院（Theological College of Saint Thomas）的临时院长。1906年，他出版了《耶稣生平研究史》（*Geschichte der Leben-Jesu-Forschung*）；1910年，威廉·蒙哥马利（William Montgomery）将这本书翻译成英文出版。

出于人道主义的宗教责任感，施韦泽在37岁时取得医学博士学位，而后成为一名医生。他加入了巴黎传教士协会（Paris Missionary Society），在兰巴雷内［Lambaréné，今加蓬（Gabon）］建立了一所医院。该医院在第一次世界大战期间治疗了许多病人。他还是一位著名音乐理论家，研究巴赫的音乐，并影响了德国的管风琴改革运动。施韦泽坚持不懈地追求普遍适用的伦理哲学，最终形成了"敬畏生命"的概念，这一概念为他赢得了诺贝尔和平奖。"敬畏生命"本质上是对生命的肯定和对人类意志的关注，用他自己的话总结就是："必须像敬畏自己的生命意志一样敬畏所有的生命意志"。他获奖的原因还包括在非洲开展反对殖民主义的活动。

有些人以帮助别人为己任。这些"人道主义者"感受到一种召唤，一种保护弱势群体的责任。他们采取的方式多种多样。值得注意的是，他们当中许多人都是博学家。弗洛伦斯·南丁格尔生活在19世纪与20世纪之交。作为一名护士，她在克里米亚战争期间成为民族英雄，极大地改善了伤兵的医疗条件，被称为"提灯女神"。后来，她在伦敦的圣托马斯医院（St. Thomas's Hospital）建立了世界上第一所世俗护理学校，为专业护理奠定了基础。作为当时为数不多的受过良好教育的女性，南丁格尔是一位出色的数学家，她帮助推广了统计数据的图形化表示。饼图的形式就是由她创造的，现在也被称为南丁格尔玫瑰图。她成为英国皇家统计学会（Royal Statistical Society）的第一位女性会员，后来又成为美国统计学会（American Statistical Association）会员。她还是一位有争议的神学家，她的神义论著作《对思考的建议》（*Suggestions for Thought*）探讨了恶的问题，倡导普救论的思想。她是一位多才多艺的作家，在医学、女权主义、人类发展、神学、神秘主义、数学等领域都有所贡献。她去世后，她的作品被汇集为16

卷的《南丁格尔文集》(Collected Works of Florence Nightingale)出版。

俄国的尼古拉斯·洛里奇（Nicholas Roerich）三次获得诺贝尔和平奖提名，他也是全世界最杰出的神学家之一，在南亚创立了"烈火瑜伽"（Agni Yoga）神秘主义流派。在此之前，他在20世纪初从事过多种艺术和人道主义工作。他是同时代的重要油画家之一，创作过7 000多幅油画和素描。他是世界艺术学会（World of Art Society）主席、帝国艺术促进会（Imperial Society for the Encouragement of the Arts）会长，在亚洲、欧洲和北美旅行期间创办了许多艺术和文化机构。他还是一位出色的舞台和服装设计师，参与过许多大型演出的设计工作，如俄国芭蕾舞团的《伊戈尔王子》（Prince Igor）和《春之祭》（The Rite of Spring），并为伦敦皇家歌剧院和芝加哥歌剧院（Chicago Opera）担任过舞台设计师。1917年十月革命前后，他创作过许多短篇小说和诗歌，包括著名的《摩崖之花》（Flowers of Morya）。作为一名建筑师，他敦促保护俄国古建筑，并设计了俄国第一座佛教寺庙。洛里奇还是一位活跃的考古学家，开展过多次探险活动。

历史上许多最有影响力的人物都是博学家，这是一个难以忽视的事实。内萨瓦尔科约特尔、阿克巴和丘吉尔都是有史以来最伟大的政治家。孔子、亚里士多德、迈蒙尼德（Maimonides）和伊本·西拿创立的哲学对现代人的心理产生了深远的影响。如果没有达·芬奇、培根和哥白尼在艺术和科学上的突破，欧洲文艺复兴就不会有当时的面貌。泰戈尔、迪奥普和黎刹的文化和政治远见使帝国主义的世界秩序难以为继。约翰逊、罗伯逊和安吉洛为恢复美国受压迫阶层的文化完整性发挥了重要作用。歌德和斯坦纳的思想魅力继续向教育、科学和文化等领域渗透。这样的例子数不胜数。这些人对社会产生了如此巨大的影响，而他们的共同特征无疑就是博学。那么，为什么家长、老师、政府和雇主仍然坚持培养单一化的专家呢？要破除这种专业崇拜，首先必须理解它大行其道的原因。

第 4 章

专业崇拜

潜　能

让我们快进到 21 世纪。在伦敦金丝雀码头（Canary Wharf）时尚、前卫的建筑群中，我与扎克不期而遇。十年前，我们在同一所高中上学。他站在下行扶梯上，衣着无可挑剔，但是他耷拉着肩膀，疲惫地垂着眼睛，一只手插在裤兜里，另一只手无力地提着背包。我在楼下认出他来，决定在自动扶梯脚下等他，想给他一个惊喜。我还有时间回忆一下过去。

每所学校都有一两个扎克这样的学生——每门课程都名列前茅，创作出优秀的艺术作品，轻松地演奏各种乐器，在学校排演的戏剧中担任主角，还是好几个运动队的队长。扎克是好学生的典范，人人都对他给予厚望。十年后，在伦敦的自动扶梯脚下，扎克给我讲述了校园明星后来的生活。

他在一所名校读经济学，获得了会计与金融硕士学位，然后取得了金融业执业资格，进入伦敦一家投资银行工作，成为一名专注奢侈品市场的金融衍生产品研究员。他每天工作 16 小时，不知道说到这里，他是感到尴尬还是感到自豪。他看起来非常成功；但是有一件事让我耿耿于怀。扎克放弃了那么多的天赋和兴趣——体育、艺术、音乐、科学、戏剧、文学、语言、学术和时事——去关注那些显然与他毕生的热情和梦想相去甚远的东西。这种妥协是不经意的。事实上，金融衍生产品研究大概率能够比普通工作赚更多的钱，但是我怀疑这不是唯一的原因。为他的成功向他道贺之后，我走回家，思考着扎克为什么会变成现在这个样子。

我很快就明白了。扎克的故事并不少见，实际上这才是常态。随着年龄的增长，我们的西方体系——世界上大多数国家似乎还一心想要模仿它——不知不觉地迫使我们"专业化"了。以英国为例，十个普通中等教育证书（GCSE），四个A等，一个学士学位，一个专业化的硕士学位，然后是一个更加专业化的职位；在这个职位上，每个人都被鼓励进一步寻找和培养自己的专业性，以至于任何额外的追求都增加了牺牲专业性的风险。这是一种路线，还有一种更加残酷的路线。如果离开学校时没有取得资质，或者资质有限，就只能找一门营生，培养一点能力，然后靠它过完一生。我们的生活似乎都呈现金字塔形，只是陡峭程度不同。坐在金字塔顶端，我们常常感到安全，但很少感到满足。

可悲的是，我们生活在一种危险的幻觉之下。我们被灌输的观念是，将整个人生奉献给生活中一个支离破碎的方面，这是追求真理、身份认同，甚至赖以生存的唯一途径。这是一个神话。我们不能理解，这个单独的方面是从整体世界中割裂出来的，被包装成一个完整世界的样子，有着明确和严格的边界。如果没有人把这个"领域"强加给我们（像世界上大多数人那样），那么我们就自己选择一个，投身其中，尽快把自己封闭在这个狭隘的范围之内。是谁迫使我们这样做的？家长、教育机构、政府，甚至社会本身，生活的所有领域都已经变得碎片化和高度专业化。

就像"看不见的手"一样，在全社会的支持和推动下，这种观念已经形成了一股自发的力量。从这个意义上说，高度专业化已经成为一种意识形态，向大众宣传"事情显然如此"。要把我们自己从这种过时的存在方式和思维模式中解放出来，首先需要搞清楚，我们是如何成为这样一个高度专业化的社会的，以及为什么。

专业化的发展

我们天生就是"专家"吗？许多科学家认为，人类大脑的进化更关注生存，而不是发展。在这个过程中，大脑发展出一种机制，即世界上所有与当前生存没有直接关系的事物都被自动排除在思维过程之外。生物学家、"达尔文的继承人"E.O. 威尔逊（E.O. Wilson）说："大脑这台机器组装起来不是为了理解自身，而是为了生存。二者在本质上是不同的，如果没有科学知识的辅助，人类就只能看到支离破碎的世界。大脑只关注那些为了活到第二天必须知道的东西，把其他一切都留在黑暗中。"这表明专业化确实是一种天生的认知倾向。但这只是故事的一半——字面意义上的"一半"。

这种聚焦主要是大脑左半球的工作——左半球负责线性、抽象思维（相应地，右半球负责直觉、创造性和整体思维）。鼓励左脑思考的社会系统发展出一种抽象、狭隘的专业化文化。精神病学家和哲学家伊恩·麦吉尔克里斯特（Iain McGilchrist）表示："左半球的思维习惯在它创造的文化中延续下去，形成一个正反馈循环。我想这就是我们现在的处境。"他说，作为一种现象，左脑和专业化之间的关系是"错综复杂、相辅相成的，本质上形成一种循环"。左脑思维究竟在多大程度上影响着人们的教育、工作和生活方式，是由多种社会、教育和意识形态元素决定的。

当然，专业化在社会中有它的地位。伊本·赫勒敦强调某种形式的有序社会组织的必要性。他观察到，一个需要获得和保护食物的个体，不可能独自完成获取、加工和保护食物的所有必要工作。人们出于互惠互利的目的从事各种不同的工作——制造工具、加工食品，等等——按照功能形成了社会分工。人们相互依赖，形成了社会凝聚力。正是这种必要的——功能主义的——社会分工，在早期人类中制造了专业化的倾向。

不过，从那时起，某些社会制度和意识形态为了保障其服务对象的利益，开始产生强调专业化的环境和文化，包括欧洲的封建主义（农民和地主）、非洲和太平洋的部落制度（专业化的部落氏族意味着，职业是由家族和血统事先决定的）、印度的

潜　能

种姓制度（个人生来就有"目的"，这决定了他们的职业），以及大部分近代西方工业化国家的官僚、企业和学术专业化（这种"劳动分工"后来随着西方殖民者传播到全世界）。

　　现代专业化的哲学起源可以追溯到后启蒙时代的西方知识范式，即认为海量的知识是无法作为一个整体来管理的。因此，法国哲学家勒内·笛卡儿（Rene Descartes）倡导一种高度批判的、还原主义的学习方法，这引领了知识专业化的趋势，使早期博学家的性质发生了改变。狄德罗的《百科全书》在"文人"这个条目下承认了这一点："人类已经不可能掌握所有的知识了。"这标志着历史学家彼得·伯克（Peter Burke）所说的"博学家从所有知识领域向部分知识领域的撤退"已成为现实。在《知识的历史》（*A History of Knowledge*）一书中，查尔斯·范·多伦（Charles van Doren）对启蒙运动时期专业化的兴起提出了另一种解释，他认为这与文艺复兴后对博学的幻灭感有关。

　　　不容忽视的是，文艺复兴未能产生成功的"文艺复兴人"。如果像达·芬奇、米兰多拉、培根和其他同样著名的人物都不能实现他们无所不知的梦想，那么其他人就更不用去尝试了。另一种选择是不言而喻的：一个人获得某一个领域的专业知识，而其他人则去获得其他领域的专业知识。这当然容易实现得多，也使学术界的氛围更加舒适。现在，一个领域的权威

第 4 章 专业崇拜

只需要与他所在领域的专家竞争就够了。

这种无奈的现实导致许多知识分子选择一个细分领域，把它当成获得身份认同和使命感的唯一途径——或者在很多情况下，只是谋得一份职业的手段。这种现实，连同由此产生的学科和子学科数量的指数增长，造成了现在所谓的"知识危机"或"信息焦虑"。事实上，启蒙运动的主要知识工程之一就是"对信息加以整理、编纂和分类"，其结果就是百科全书的兴起。

到了 19 世纪，知识专业化已经成为现实，大学以院系的形式将不同学科加以制度化。"学科"这个词——源自军事上的控制或约束概念——开始被用于学术语境，指现在受到严格限制的知识领域。这种知识管理模式（与文化、教育体系、治理机制和资本主义经济一样）被输出到殖民地国家，并迅速成为规范。在欧洲，业余社团和专业化期刊的兴起，加上 19 世纪大学向研究中心和教学机构的转型，进一步推动了这一运动。知识的划分全面铺开，每个隔间都被一位象牙塔里的祭司垄断。

正如 18 世纪末标志着欧洲和北美知识专业化的开始一样，19 世纪末标志着世界范围内职业专业化的开始。官僚政府和公司这两个强大机构的出现，成了职业专业化的催化剂。前者是帝国主义的产物，后者是工业化的产物，二者共同形成了一种依赖劳动分工的体系。这一体系经由西方（先是欧洲，然后是美国）霸权主义传播到全球，用马克思的话说，"按照自己的面貌为自己创造出一个世界"。

一些著名思想家——如弗兰茨·卡夫卡（Franz Kafka）、卡尔·马克思和马克斯·韦伯（Max Weber）等人——对国家官僚和产业工人的专业化（进而"非人化"）发表过著名的评论。在马克思看来，官僚机构和公司是一路货色的——二者分别是同一制度概念的国家版本和私人版本——他不无遗憾地表示，它们把医生、律师、教士、诗人和学者变成了它们出钱招雇的雇佣劳动者。他的异化理论解释了生产过程的专业化和重复性是如何使工人在精神上和肉体上被贬低为机器的。他认为，专业化的原因是劳动分工，这种分工已经超越了工厂的范畴，成为一种社会规范：

> 在这里，我们不去进一步论证，分工除了扩展到经济领域以外，又怎样扩展到社会的其他一切领域，怎样到处为专业化、专门化的发展，为人的细分奠定基础。

韦伯虽然在理论上支持官僚制度，认为它是最有效的组织形式，但是也承认它对个人的限制。他说："局限于专业化的工作，弃绝它所牵涉的浮士德式的人类共性，是现代社会中任何有价值的工作得以进行的条件。"随着欧洲（特别是英国）殖民主义在全球的扩张，这种官僚制度（以及由此产生的劳动分工）被输出到大多数殖民地，最著名的是印度、肯尼亚、马来西亚、南非、澳大利亚，当然还有美国。但是，这种专业化官僚机构是 19 世纪和 20 世纪欧洲（及其殖民地）特有的现象。我们知道，在其他地方和历史上的不同时期，国家官僚机构并不总是如此。例如，在古代部落和中国的封建王朝，官僚都是通才，他们当中的许多人，如张衡、沈括和苏颂都是名副其实的博学家。

19 世纪晚期，现代公司的兴起对工作的性质和人类的生活方式产生了深远的影响，进而影响到博学家的命运。公司最初是由皇家特许的私人实体建立的，很快成为贸易和投资组织。《美国宪法第 14 修正案》（最初旨在保护获得自由的非洲裔奴隶的权利）通过之后，公司被赋予等同于个人的权利，以及将股东回报置于一切之上的法律义务。它们将 20 世纪初的突破性新技术商业化，比如电力、留声机、电话和航空，创造了大规模生产系统——以福特公司 1913 年建立的大规模汽车制造厂和弗雷德里克·泰勒（Frederick Taylor）领导的劳动管理"效率学派"为代表——开创了一个劳动机械化和普遍专业化的新时代。

教育系统也提供了支持，它为这种经济力量提供了必要的资源，从而成为促进和维系一个专业化社会的关键。没有比欧洲后工业化时代的教育模式更能说明问题的了。20 世纪之前，特别是在欧洲和美国，接受正规教育是少数人的特权。工业革命之后，为了满足工业生产的需要，大众教育体系应运而生。然而，遗憾的是，这种普遍教育本质上是以牺牲知识的完整性、综合性和对知识的理解为代价的。

在这种教育体系中，课程设计就是为工厂培养劳动者，工人能够读懂操作手册、专注于生产线上的一个环节就够了。因此，课程内容彼此割裂，学生被当成工厂传送带上的产品，在学习过程中的不同时点接受增量输入。知识被包装成一个个科目，学校不鼓励孩子们看到它们彼此之间的联系。英国教育哲学家阿尔弗雷德·诺思·怀特海生活在英国工业化的鼎盛时期，他意识到这种教育方式使孩子们无法理解这些科目与他们自己的生活以及与整个世界有什么关系。下面这段话很好地总结了他的担忧：

> 我们没有让学生看到统一性，而是教他们代数、几何、科学、历史，然后就没有下文了；我们让他们学习好几种语言，他们却从来没有真正掌握其中任何一种；然后是最无聊的语文，常常是莎士比亚的戏剧作品，配上语言方面的注释和简短的剧情或人物分析，实际上只是为了让学生背诵。我们能说这些东西代表了生活吗？这些充其量只是上帝在考虑创造世界时脑海中一闪而过的一份目录表，那时他还没有决定如何将它们组合在一起。

到了20世纪，世界上三类最有影响力的机构——学术机构、政府和公司——都采取了严格的劳动分工，在生活的方方面面建立起一种高度专业化的新文化。直到今天，这种趋势已经成为常态。

经过上千年不懈的社会心理调节过程，加上信息大爆炸和工作在人们心目中的特殊概念，我们发展出一个高度专业化的社会，人们的身份认同几乎完全依靠他们的营生、职业或领域。如今，在几乎所有的社交和职业聚会上，人们都渴望以此为基础做出判断。人们总是不由自主地提出那个决定性的问题："你是做什么的？"并希望得到直截了当的答案。

从心理学角度看，称一个人为"电气工程师"，要比称她为"一个当过医生和运动员、热爱诗歌的电气工程师、音乐家和六岁孩子的母亲"简单得多。这反映在不同社会中姓氏的形成上。例如，在英国，现代的许多姓氏［如卡朋特（Carpenter，木匠）、梅森（Mason，石匠）、泰勒（Taylor，裁缝）、哈珀（Harper，竖琴演奏者）、史密斯（Smith，铁匠）、派珀（Piper，风琴手），等等］都是中世纪封建主义的遗产，人们的称谓就是他们的营生或职业。印度［班杜夸拉（Bandukwala，拿武器的人）、莱特瓦拉（Lightwalla，电工），等等］和其他地方也有这种情况。"烙印"是一种认知倾向，经常被主流的社会经济体系制度化，从而成为一种社会惯例。

一个人一旦被打上了烙印，就很难让别人相信他的生活中还有其他同样完整的方面。实际上，经常连他自己也不相信。

潜　能

今天的人们觉得必须把其他人装进盒子里，牢牢地封好，清楚明白地贴上标签。对于那些被贴上标签的人（我们基本上都是），要打破分配给自己的盒子、试图进入另一个盒子是极其困难的。即使有人能够做到，人们也非常吝惜他们的标签，很少给一个人贴上两个或两个以上的标签。博学艺术家顽童比利（Billy Childish）是著名的诗人、小说家、画家和音乐家，他谈到社会一直在试图将他归类：

> 我是个我行我素的人。媒体过去说我是个音乐家。现在我不能叫音乐家了，得叫艺术家。虽然我去年一年出了七张专辑，但我只能是个"前音乐家"！英国艺术展不允许我的绘画参展，只接受我的诗歌。与此同时，诗歌协会问我能不能用我的画给他们的杂志做封面！艺术界把我当成音乐家，音乐界把我当成画家——就好像在说："他是你们的人……我们可不想让他在我们的地盘上乱来。"

所有多才多艺的人都面临着这种障碍，无论是想要转行当演员的时装模特、尝试创业的歌手，还是想要涉足艺术或文学领域的科学家。出版商希望将作家品牌化，鼓励他们只创作特定类型的作品；艺术品经销商希望艺术家坚持自己的风格，提高辨识度；投资人希望他们的企业家"术业有专攻"。成为一个小说家还不够专业化；你还必须成为某个特定类型的小说家,坚持某种特定的风格。像斯蒂芬·金(Stephen King)这样的多面手作家有许多笔名,而这就是为了避免被归类。雇主往往过于谨小慎微,不敢雇用多才多艺的人。

这种倾向既是大脑将组织过程抽象化的原因,也是这种抽象化的结果。它基于这样一种假设:专注于单个领域(至少自己认为如此)等于更好的产出、更高的效率,因此能够带来更高的经济回报。这种社会割裂制造了一个恶性循环,每个人都维持着自己的"领域泡泡"——律师、投资银行家、运动员和音乐家,对别人的"泡泡"要么羡慕眼红,要么不屑一顾;所有的"泡泡"彼此都没有联系。每个人的衣食住行都在自己的"泡泡"里,"泡泡"成为他们认识世界和存在的方式,定义了他们的思想和他们自己。他们借助"泡泡"发展出自己的语言、行话、社交圈子,甚至自己的幽默感。

预测分析的新技术进一步推动了这种"泡泡"的制造。几乎所有的互联网企业都采用这种技术,建立起一种"数字殖民主义"。我们心甘情愿地通过数字社交媒体平台提供自己的大量行为信息,作为交换,我们的数据被收集,并最终被用于制定算法;算法知道我们想要什么或者需要什么,比我们自己的本能还要快。以YouTube为例,如果你登录了账号,那么只有那些与你的观看习惯相关的视频才会得到推荐。同样,亚马逊只推荐那些与你的阅读兴趣相关的书(体现在你的搜索和购买习惯上)。

人们可能天真地以为这些基于机器学习的复杂算法是一种有效的推荐系统。但实际上，广告商经常用它来寻找"目标市场"，因此要求数字市场和社交媒体平台对顾客进行清晰的分类，以便有针对性地投放广告。这样一来，连我们的数字身份都被归类了。我们宣称世界触手可及，实际上却在将自己封闭起来。这是一个大数据和心理统计特征的时代，就像启蒙运动时期一样，尝试对海量信息进行排序和编纂，从而将知识（和个人）装入一个个盒子中。

现代教育危机

至少在可敬的英国教育家肯·罗宾逊（Ken Robinson）看来，当前的教育制度显然是行不通的。因为这套严重过时的制度仍然是按照维多利亚时代的模式设计的，旨在培养一种"线性的、一致的、标准化的"文化；而今天，我们面临的是一个不同的世界，一个"有机的、多元的、随机应变的"世界。这种不协调影响了学生的知识和职业前景。像对待机器人一样对待孩子们，已经不适合21世纪的就业市场。牛津大学人类未来研究所的安德斯·桑德伯格说："教育机构不需要像工业时代那样把人训练成机器上的齿轮——机器会便宜得多……它们应该训练人们去处理更复杂、更模糊的工作。"

第 4 章 专业崇拜

正是由于这种供需不匹配的教育制度，学生对真正的知识的渴望或需求在学校里得不到满足。学生在后来的人生中总是感到一种重温基础知识的冲动，他们在通勤路上阅读入门级的历史和科普读物，使得近年来这些教育类图书大受欢迎。但是，成年人应该在童年时代就接受这些流行读物的教育（或者娱乐），而不是梦游般地度过童年，然后突然从催眠状态中醒来，意识到在他们的职业范畴以外，生活中还有其他如此迷人、如此重要的东西。大多数人甚至一直没有醒来。布里斯托大学（University of Bristol）教育心理学家沙菲（Shafi）和罗斯（Rose）的研究表明，许多成年学生认为基础教育既没有调动他们的积极性，也没有让他们理解教育的意义；他们只有在体验生活以后才意识到教育的价值，因此重返校园。

学生和现代教育制度之间的明显脱节，是由怀特海所说的"呆滞的思想"造成的——在学校里将支离破碎的信息扔给学生，而没有任何统一的框架。结果，学生不仅很难理解老师在不同的课堂上传递给他们的知识片段是如何相互关联的，更重要的是，他们无法理解这些知识片段与自己的生活有什么关系。没有背景，也就没有吸收和内化。这种困境一直延续到今天。孩子们坐在教室里，听老师讲课，阅读课本，不明白几何、中世纪历史或板块构造与他们有什么关系。这是为了帮助他们获得一份体面的工作，比如成为公司高管或政府职员吗，还是每个人都必须经历的一场痛苦的成人礼？

潜　能

　　这种脱节的教育建立在工厂模式的基础之上，越接近专业化金字塔的塔尖，情况就越糟糕。全世界的学生都被鼓励（经常是强迫）过早地专攻某一领域。结果，多才多艺的儿童经常面临心理学家所说的"多向分化潜能"——由于过早地强迫自己专业化（即在多种爱好之间做出选择），多才多艺的学生会遭遇挫折、困惑和焦虑。许多智力超群的神童很快就被鼓励（几乎是被强迫）将他们的才能专门用于某一个特定的领域，家长和老师都认为这是很自然的。因此，博学型的神童（或"多向分化潜能者"）经常面临着和普通神童一样的命运——他们很少能够发挥自己的潜能，而且成年后常常达不到人们的期望。这也是导致儿童抑郁的主要原因之一。认知科学家、教育家和认知弹性理论的倡导者兰德·斯皮罗（Rand Spiro）认为，学校是压抑儿童博学天性的共犯：

　　　　儿童的认知是非常灵活的；学校的多项选择题、团队学习和科目划分扼杀了他们的灵活性和创造性，消灭了他们超越单个科目的界限、以博学的方式看待世界的能力，这种能力原本是儿童与生俱来的。

　　所以，这些没有能力做出职业选择的儿童，会卷入一个把人当成机器上齿轮的制度，也就不足为奇了。

员工的幻灭

世界上的绝大多数人被迫（或非自愿地）从事一种职业——既不能满足他们的个人需求，也不能满足他们的经济需求。大多数人都成了所处环境的奴隶。自由意志似乎只是一种幻觉。这是我们这个时代最悲哀的现实，是对人类尊严的沉痛打击和对人类潜能的无情压抑。

人们之所以成为终身的专家，原因之一是他们在人生中很早就选择了特定的专业——有的是出于当时的兴趣，但更多是因为各种各样的社会和经济环境——然后就不得不继续下去，因为专业已经定义了他们。这是一个恶性循环；无论你一开始拥有什么技能，你都会被定型（讽刺的是，既是被社会，也是被你自己），从此以后就深陷其中。例如，雇主会从求职者的申请中找出那些最接近"核心技能"或领域的东西，通常是学术资格或工作经验。下一个雇主也是如此，然后是再下一个，依此类推。因此，求职者如果表现出对某一个专业的专注和执着，那么找到工作的机会就更大。

这是一种根深蒂固的文化、一种无形的力量，把人拉进一个狭窄的洞口，让人越陷越深，时间长了几乎不可能再爬出来。这是一种奴役，一种不言而喻的人性枷锁。这向员工灌输了一种观念，即终身专业化是生存和发展的唯一途径，但通常的结果是造成员工对整个制度产生幻灭感。

潜　能

　　讽刺的是，我们经常把幻灭感与贫困联系在一起，但实际上，在今天的发达国家中这种幻灭感却更强烈。马克思所说的把个体束缚在特定职业上的劳动分工仍然大行其道——把人们关进韦伯所说的"铁笼子"。20世纪70年代，斯塔兹·特克尔（Studs Terkel）发表了他与不同领域的幻灭工人的访谈，尽管从那以后，西方的工作环境已经发生了巨大的变化，但是不安、不满和幻灭感在普通民众当中仍然普遍存在。由于近年来手工或蓝领工作向发展中国家转移，现在发达国家的大多数工人要么失业，要么从事白领（案头）工作。

　　虽然在某种程度上，这种案头工作文化的出现对个人和国家是有利的（反映了社会进步——人们总是认为坐办公室比从事体力劳动要体面一些），但事实上，案头工作令劳动者身心俱疲。英国工作基金会工作效率中心（Centre for Workforce Effectiveness at the Work Foundation）主任史蒂夫·贝文（Steve Bevan）说："久坐和吸烟一样有害健康。"这不仅限制了人类对运动的本能冲动〔正如伊多·波塔尔（Ido Portal）和埃德温·勒·科雷（Edwin le Corre）的身体训练哲学所强调的那样〕，还对整个经济产生了影响。

　　以英国为例，根据英国国家统计局（UK Office for National Statistics）的数据，过去一年，由于背部、颈部和肌肉问题，英国损失了3 100万个工作日——其中很少有因为运动造成的损伤。事实证明，与其他疾病相比，久坐不动会导致更多的缺勤，而且缺勤的时间更长。毫不奇怪，历史上很少有博学家过着这种久坐不动的生活——即使是知识分子；事实上，大多数博学家都是行动派的学者兼冒险家。

更重要的是，办公室文化对员工产生了严重的心理影响，伟大的灵性导师吉杜·克里希那穆提（Jiddu Krishnamurti）称之为"可怕的竞争"和"无法忍受的监禁"。今天，大多数人显然对他们目前的职业感到沮丧和不满。根据英国最近的一项调查，只有20%的人在工作中感到快乐（Roth and Harter，2010），这个数字在1987年还是60%，呈现急剧下降的趋势。这种不满与人们从工作中得到的激励程度有很大关系。在2008年的一项调查中，超过一半的英国员工认为他们在工作中缺乏激励，只有10%的人承认他们经历过高水平的激励。超过60%的员工并没有真正投入到他们的工作中去（韬睿咨询/盖洛普公司）。一段时间以来，北美的员工敬业度一直徘徊在30%左右，而"千禧一代"更是出了名的不敬业（他们当中87%的人将个人发展放在工作目标的首位）；雇主们正在努力理解如何才能维护和最大限度地激发员工的潜力。

实际上，"员工敬业度"（或者应该说是员工缺乏敬业度）正在成为一个全球现象，各国针对这一指标进行了频繁的调查。虽然大多数研究是在欧洲和美国进行的，但是有证据表明这是一种全球趋势。埃森哲公司（Accenture）最近的一项研究对来自欧洲、非洲、南美、北美和亚洲的18个国家的36 000

名专业人士进行了调查,发现几乎一半的人认为他们在现在的工作岗位上没有受到足够的挑战,尽管大多数人都对自己的技术和能力感到自信。

这种挫败感既与岗位或雇主有关,也与工作本身的单调乏味有关。根据人生学校(the School of Life)的一项研究,约有60%的员工表示,如果可以重新开始,他们会选择不同的职业;20%的人相信他们从未找到适合自己的职业;30%的人认为自己更适合从事其他职业。

当公司裁员时,它们通常会聘请"再就业顾问",为被辞退的员工提供下一步的建议和指导。作为某些再就业项目的一部分,顾问会通过心理学实验揭示员工内心的职业梦想,以便确定他下一步应该往哪里走。实验经常发现,人们真正的职业与理想的职业之间存在巨大的差距,这毫不奇怪。会计师想当魔术师,网页设计师想当音乐家,办公室经理想当职业运动员,等等。很多人感到后悔;感到自己被一股无情的浪潮席卷,无力抗拒,最终只能随波逐流。

然而,人类与生俱来的学习、成长欲望从未完全消失。人们渴望有机会思考工作以外的事情。牛津大学的哲学家安德斯·桑德伯格最近开展了一个针对保险公司的调查项目。他说:"我在与伦敦城摩天大楼里的精英们谈话时发现,他们很高兴能够谈论哲学,因为他们没有机会思考日常工作以外的事情……甚至像我们在做什么、为什么要这样做之类的最基本的问题。"

第 4 章　专业崇拜

实际上，世界上最大的开源百科全书正是这种欲望的体现。维基百科创始人吉米·威尔士（Jimmy Wales）表示，维基百科的发展证明了一个事实，即那些在工作中被视为"专家"的人通常还有其他多种兴趣——他们只是需要一个机会，去追求自己感兴趣的东西。

> 维基百科之所以能够成功，原因之一是涉猎广泛、博学多才的人并没有灭绝。我们经常看到人们在他们的职业领域之外做出了不起的贡献，比如说，想象一个大胡子数学教授撰写关于伊丽莎白时代的诗歌或世界战争史的词条。事实证明，尽管学术界的专业化压力很大，但我们仍然拥有全面发展的知识分子。事实上，维基百科之所以能够繁荣发展，原因之一就是它为这些人提供了一个出口。

维基百科无疑为许多博学多才的人提供了一个知识的出口。但现实是，大多数人不得不把他们的时间专门用于工作，即使他们内心深处知道，自己渴望有更多的学习、表达和做出贡献的机会。

工作与生活平衡

律商联讯（LexisNexis）最近对全球 100 家顶级报纸和杂

志的调查显示，关于"工作与生活平衡"的文章数量急剧增长——在1986—1996年的十年间共有32篇，而仅2007年一年就达到了惊人的1 674篇。对21世纪就业制度的幻灭感，以及随之而来的空虚感，迫使人们在工作以外的其他领域寻求多元化和刺激感。他们经常为自己设置不同的挑战，无论是"白领拳击赛"、马拉松、铁人三项，还是烹饪或绘画俱乐部，甚至参加预备役部队。《工作的未来》（*Future of Work*）一书的作者之一理查德·唐金（Richard Donkin）认为："人们渴望找回生活的平衡，这种抗争每天都在上演，政府和公司却视而不见。"人们普遍对朝九晚五的生活方式感到不满，鼓励另类工作生活方式的自助类畅销书也证明了这一点，比如《每周工作4小时》（*Four-Hour Week*）和《遍尝人生》（*How to Be Everything*）。

不过，尽管口头上强调主业之外的多元化需求，但现实中大多数岗位还是鼓励专业化，抑制人类对多样化的自然需求。可能正是出于这个原因，亚里士多德说"所有拿薪水的工作都会消耗人的心灵，降低人的心智"，而伊本·赫勒敦认为传统的雇佣劳动是"最丢脸的谋生方式"之一。难道技术的发展不应该减少人类的劳动时间，为人类的其他追求腾出时间，使人类获得全面发展吗？不知道从什么时候起，这样的目标已经被遗忘、被忽视，或者干脆从我们的意识中消失了。

虽然对"进步"（根据当前的定义，更准确的说法是金钱和物质回报）的执着追求确实推动了技术的空前进步，但是在很大程度上,这种进步是以牺牲人类自由和多样性为代价的。人类的劳动时间显著增加,可以说达到了人类历史上创纪录的水平。由于互联网和移动技术的出现,"随时随地工作"的生活方式开始流行;这本来可以增进工作与生活的平衡,实际上却让工作进一步侵蚀了个人生活和休闲时间。虽然人们的基本物质需求得到了满足,但实际上,他们的工作越来越多,留给生活的时间却越来越少。正如媒体和科技作家道格拉斯·拉什科夫(Douglas Rushkoff)所说的:"科技并没有给我们更多的时间,相反,科技是为市场服务的,它一直在消耗我们的时间和精力。"

在很大程度上,今天人们对工作的理解要归结于一种主导西方社会400多年的特殊哲学。新教的工作伦理相信,工作是一件苦差事——我们不想工作,但是又知道不得不工作,因为救赎就在其中:完成工作是一种美德。《工作的历史》(*History of Work*)一书的作者理查德·唐金认为,正是这种心态"让人们对工作不再感到困惑,因为工作就是被分类和被定义"。所以,今天,铭刻在大多数人心目中的工作的概念是:一个人花费大部分时间从事的活动,由此获得生存和积累所需的经济报酬。是时候向这种假设发起最终挑战了。

生存

在畅销书《裸猿》中,德斯蒙德·莫里斯对人类和动物的

潜 能

行为进行了比较:"专门化的生活道路中有意想不到的严重困难。只要专门的生存手段行得通,一切都会顺利。但是,一旦环境大变,专门化的动物就会陷入困境。"例如,考拉几乎只吃桉树叶,而且只能在特定的气候条件,特别是澳大利亚东部林地的气候条件下才能生存。它是"专家",每天要睡上20个小时。相反,浣熊则是多面手。它的智能和行动力使它的活动范围遍及北美洲和中美洲大部分地区。它是一种杂食性动物,可以吃浆果、禽蛋、昆虫和其他小动物。浣熊的数量越来越多,考拉却濒临灭绝。关键是,当环境发生变化时,能力更多样、灵活性更强的物种更能够适应,而那些目光狭隘的"专家"则没有什么选择,因此很容易灭绝。这个原则同样适用于人类。事实上,正如莫里斯所强调的,"裸猿"(即人类)是所有动物中最不专业化、适应性最强、最机会主义的。

如今,有一种误解在主流叙事中大行其道,即认为专业化是生存的必要条件。这种误解基于一种值得怀疑的前提假设:我们人类天生具有竞争性。在现代西方范式之前,其他世界观[比如非洲的乌班图(Ubuntu)哲学——"我在因我们同在"]注重人类合作共生的一面。19世纪的俄国进化论者彼得·克鲁泡特金(Peter Kropotkin)和后来的基因专家马特·里德利(Matt Ridley)证明,这种心态与自私自利一样,都是人类天性中根深蒂固的一部分。博学家通常不是由竞争驱动的,而是由自我发展的内在需要驱动的,博学不一定需要与别人竞争,或者以牺牲他人为代价。

马尔萨斯主义者（Malthusian）认为人口的增长已经超越了资源的供给的这种观点，加上赫伯特·斯宾塞（Herbert Spencer）的社会达尔文主义和"适者生存"的概念，造成了一种过度竞争的心态；这种心态反映在殖民主义培育的剥削文化中，后来又在许多大型公司中大行其道。事实上，正是这种过度竞争的文化促进了劳动分工，宣传了专家的神话，推动了专业化的发展。在这种文化中，人们试图将思想禁锢起来，而不是在它们之间建立联系，这当然又导致了进一步的专业化。

不仅是今天，在历史上的许多社会，普遍的假设都是可持续的收入或经济保障只能通过一种专业化的职业来获得。从专业角度来说，追求一个以上的岗位、领域或兴趣无异于断送自己的经济前程。非专业人士被贴上负面的标签，他们"浪费时间的活动"是以牺牲生计为代价的。世界上许多文化中都有讽刺博学家在经济上注定失败的谚语。

以东欧的俗语为例：波兰人形容未来的博学家"七项职业八项穷"；爱沙尼亚人、捷克人和立陶宛人都有类似的说法，大意是"当你有九项职业，第十项就是痛苦/饥饿"。在东亚文化中也可以找到这种说法：韩国人说"一个有十二项天赋的人连晚饭都吃不上"，日本人说博学家是"有才能的穷人"。甚至那些造就了最伟大的博学家的社会也是这样想的：希腊人说"掌握太多技艺的人只能住空屋子"；意大利人是达·芬奇、米开朗琪罗、阿尔伯蒂（Alberti）和贝尼尼的后裔，却嘲笑他们这类人博而不精。虽然这些俗语是从他们的母语翻译而来的，其本来的意思可能更加微妙，但言下之意都和杂而不精差不多，都反映了围绕博学家的生存、积累和供养能力一直存在的嘲讽态度。

这种观念需要严肃的修正。实际上，职业多样化往往是最可靠的生存手段，这也是博学家的共同标志。在艰难的经济环境下，如果人们所从事的行业对劳动力的需求萎缩，劳动者就会处于脆弱无助、不堪一击的境地。正如尤瓦尔·诺亚·赫拉利（Yuval Noah Harari）在他的近作《21世纪的21堂课》（*21 Lessons for the 21st Century*）中总结的那样，适应不可避免的职业变化将是未来几十年必不可少的生存策略。技能的多样化意味着个人更有信心在多个领域获得就业机会。这可以增强个人的主人翁意识，进而提高效率和生产率。教育应该专注于那些能够应用于多个领域的能力，或者至少是可以转换的能力，特别是因为在这样一个经济、政治和技术动荡的时代，一个人今天的专业明天可能就会过时。

正如国家（经济体）意识到的，专攻某一个行业是不明智的，多元化才是最佳策略，个人也应该意识到这一点。此外，个人的博学可以为社会带来巨大的经济利益。普林斯顿大学经济学家爱德华·格莱泽（Edward Glaeser）对城市劳动力市场的专业化和多样化进行了研究，得出的结论是：促进经济增长的是劳动力的多样化（而不是专业化），因为各行业之间可能有更多的技能和知识溢出。技能多样化意味着劳动力市场能够根据不断变化的经济需求做出适当的反应。如果要继续将教育与经济成功挂钩，认识到这一点尤为重要。

此外，终身工作的模式正在消亡。裁员的威胁在增加，晋升的机会在减少。商业或艺术工作很少能够提供稳定的收入。运动员或军人更是青春饭，由此带来的经济保障也十分短暂。那些传统上认为稳定的职业已经不再稳定了。凯瑟琳·布鲁克斯（Katherine Brooks）有25年的咨询工作经验，她的结论是，一份专业化的职业不足以保障一个人的经济安全。她认为，多重职业不是奢侈品，而是必需品，尤其是在当今时代。"今天的就业市场正在变得越来越混乱，这意味着求职者必须灵活应变，培养适应各种环境的能力。在这种经济形势下，你真的不能只专注于一项职业规划。你需要同时考虑B计划、C计划，甚至D计划。你需要考虑各种可能的生活。"不能把鸡蛋都放在一个篮子里。专业化是有风险的。

21世纪的复杂性

除了最基本的生存之外，专业化也阻碍了我们的智力和精神的发展。也就是说，它限制了我们对现实的理解：现实不是简单的非黑即白，而是错综复杂的。事实上，长期以来的二分法（教会与国家、宗教与理性、善与恶、共产主义与资本主义、文明与野蛮、统一性与多样性、微观与宏观、右脑与左脑、科学与艺术，等等）都源于西方经验和人们对世界的理解。其他文化有自己的二分法，也有自己的专业和知识领域。它们根据自己的理解，以与我们不同的方式对现实的各个方面加以组合（其中许多方式，比如中国的阴阳，是更加完整的二元认识论）。

正如宇航员斯托里·马斯格雷夫（Story Musgrave）从太空中看到的那样，"大自然只画曲线，人类才画直线"。将知识强制划分为不同的领域，与错误的二分法一样，是对世界的过度简化；这是一种误导，限制了人们对世界的真正理解。正如法国哲学家、复杂性理论之父埃德加·莫兰（Edgar Morin）所说的，关键事实经常从人为制造的学科之间的缝隙中溜走，就像在将一种语言翻译成另一种语言时，意义经常在翻译中丢失一样。通过一种语言或者一个领域去感知现实，就像透过棱镜看世界，只能看到其中一个侧面——这不能代表现实的全部。

在西方，这种划分是一种特殊的学术方法论的遗产。在极力追求完美秩序的过程中，科学家和哲学家（特别是笛卡儿以后的西方科学家和哲学家）将现实固有的复杂性简化为简单性，用数学和还原论来"分解存在和事物"。这导致了社会整体的高度专业化。正如莫兰所说的："高度专业化撕裂了现实的复杂结构，并导致了这样一种信念，即造成现实分裂的就是现实本身。"精神病学家、《分裂的大脑》（*The Divided Brain*）一

第 4 章 专业崇拜

书的作者伊恩·麦吉尔克里斯特认为,历史上高度专业化的社会与过度关注左脑思维(负责结构性和线性思维的半球)的范式密切相关。他在书中描述了这种思维模式创造的典型的社会类型:

> ……随着知识的日益专业化和技术化……一个人对有限的关注点之外的一切都不屑一顾……从哲学上说,碎片化成为世界的标志,就好像一大堆片段随机组合在一起……创造了一个由技术驱动和官僚管理的社会。

当然,这样描述当今世界的现状真是再恰当不过了。今天,历史上由于认知、社会和教育所造成的知识的过度碎片化,在 21 世纪"信息爆炸"的背景下达到了一个新高度。所谓信息爆炸,指的是由于可获得的信息空前增加,管理和理解这些信息的难度也空前提升所造成的难题或焦虑。

今天,我们的世界越来越复杂,人类只得将世界的各个方面隔离开来,以便通过笛卡儿的演绎法更好地理解其中每一个方面。这种"领域孤立主义"文化在欧洲启蒙运动之后达到顶峰(以狄德罗将知识编码化的《百科全书》为代表,不过讽刺的是,狄德罗本人是一位博学家),而后通过殖民主义的影响投射到全世界,体现在学生、学者和产业工人(全都被训练成没有灵魂的机器)的持续专业化上。

莫兰提醒我们:"宇宙不是一台完美的机器,而是一个有序和混乱并存的过程。"实际上，21世纪的生活已经向我们揭示了这种复杂性的程度。为了理解它，现代人必须训练自己的头脑。遗憾的是，正如之前解释过的，目前的教育制度并没有帮助我们为应对这一挑战做好充分的准备。认知科学家和教育学家兰德·斯皮罗提醒我们："事实上，生活中的大部分时间并不是在学习乘法表或基础物理……而是在处理复杂和不规则的问题，这些领域需要的是灵活性和适应性。这才是日常生活的常态。"斯皮罗反对图式理论（将信息分类汇总的心理过程），而是提出了一种认知灵活性理论。这种理论承认不同领域的复杂性和不规则性（而不是用明确的参数对世界加以简单定义），因此需要一定的灵活性（或博学性）才能理解。遗憾的是，无论是简单性还是复杂性，都被不同的政治、商业和知识分子精英当成了概念工具，普通人只能继续停留在浑浑噩噩的状态中。

从哲学上讲，博学的心态可以让我们看到一个更大、更完整、相互关联的世界，解决当前大多数人（包括门外汉和所谓的知识分子）脱节地看世界的问题。博学家和哲学家赛义德·侯赛因·纳斯尔（Seyyed Hossein Nasr）表达了自己对这种思想家的迫切需要：

> 博学家的存在（或缺乏）具有非常重要的社会影响。没有整体的远见，任何社会都无法生存和发展。博学家提供了文明长期存续所必需的东西。所以，现代文化不应该嘲笑博学家，我们应该感谢上帝让他们成为博

学家。如果没有他们,一切都将彼此割裂,就像如果各个器官没有统一的指挥,身体就会分崩离析一样。

机器智能与人类的关系

既然人类的头脑受到单线思维的局限,那么我们要如何掌握这种复杂性呢?目前,人类似乎致力于为这个目标制造机器,而不是设法开发自己的潜能来应对这一挑战。

毫无疑问,这一领域正在取得重大进展。人工智能已经可以在大多数智力游戏中击败人类,如国际象棋、双陆棋、智力竞赛和拼字游戏。IBM的沃森(Watson)使用了复杂的进化算法——能够有机地学习,其学习过程更加接近人类。此外,"全脑模拟"或"心智上传"项目致力于通过扫描和模拟生物大脑的计算结构来构建智能软件。这个项目正在进行中,有望对机器智能产生深远的影响。

大多数人工智能研究者预测,21世纪内,机器能够通过所谓的图灵测试,达到人类的智能水平。有人预测这将在20年内实现。到那时,机器将在几乎所有感兴趣的领域大大超越人类的认知能力。目前,机器智能仅限于特定领域,但是,牛津大学人类未来研究所的尼尔·博斯特罗姆(Neil Bostrom)[①]认

[①] 原文如此,疑为牛津大学人类未来研究所所长尼克·博斯特罗姆(Nick Bostrom)。——译者注

潜　能

为，最终这些超级智能系统会拥有超人的智能水平。雷·库日韦尔将这一时刻称为技术"奇点"。

那么，这将对人类产生什么影响？已经发生的是工作自动化。牛津大学的弗雷（Frey）和奥斯本（Osborne）对702种职业在未来十年内被计算机化的可能性进行了评估，认为有47%的美国人的工作面临着风险。历史学家和未来学家赫拉利说得好："19世纪制造了工人阶级，下个世纪将制造'无用阶级'——数十亿没有军事或经济价值的人。如何让他们生活得有意义将是未来的一大挑战。"所以，如果作为机器的替代品，人类既昂贵又不适用，完全是可有可无的，人类只有专注于自己不可替代的独特性，才能找到生活的意义（社会也才能在人类身上找到意义）。这种独特性正是博学家的标志。

如果人类是打字机，那么我们早就过时了。即使我们是最新款的苹果手机，我们也会在几年之内被淘汰。但是，如果我们是巴赫的交响乐、梵高的画或者莎士比亚的戏剧，我们就能经受住时间的考验。那么，作为技术和艺术的创造者，人类不应该是比技术和艺术本身更加高级的造物吗？人类不应该是独一无二、不可或缺的吗？与其努力成为我们创造出来的超高效率的机器，不如将我们的本质视为一个极尽微妙的自然系统、一件崇高的艺术品，或者一种天人合一的精神存在。

人工智能最终将把我们从积累和整理信息的负担中解脱出来。它将征服技术专业化的领域。人类的头脑要掌握未来

第 4 章 专业崇拜

的知识,就必须利用各种各样的知识——结合、组织、融会贯通——形成独特的人类智慧和理解。正如顶级神经学家米格尔·尼科莱利斯(Miguel Nicolelis)所说的,人类大脑太不可预测了,因此不可能被模仿。"图灵机不可能预测大脑能够做什么……我们可以吸收技术,使其成为我们的一部分,而技术永远不可能吸收我们,这是不可能的。"因此,我们应该意识到,无论超级智能的前景如何,人类头脑对生活的意义都是毋庸置疑的——只要我们重新发现它的独特性。

未来的机器能够创作出达·芬奇的《手稿》、伊本·西拿的《灵魂治疗大全》和马克思的《资本论》吗?能够建立苹果公司这样的组织,或者激励黑人的觉醒运动吗?这些都是艺术、灵性和社会正义的产物——除非人类能够学会将心灵中这些独特、神秘、无与伦比的元素编写进机器的程序,否则人类永远都将拥有独一无二的价值。

即使我们理所当然地认为超级智能机器的出现是不可避免的,但是在那之前还有一段时期,最重要的贡献必须由人类做出。牛津大学人类未来研究所的安德斯·桑德伯格提出了一个充满希望的警告:"至少在未来几十年里,直到机器变得比人类更聪明之前,人类的博学对社会至关重要。"桑德伯格强调了这一时期博学的重要性:"可以明确界定的工作都受到自动化的威胁,而那些难以定义的工作还是相当安全的。博学家显然属于后者。"他说,博学家对未来很重要,因为"他们不仅擅长从事那些无法准确描述的工作,而且擅长创造这样的工作"。

理解真理不需要专业化,而且无论是对个人、组织、社会,还是对整个物种,专业化都是一种糟糕的生存战略。简言之,除非大脑重新调整,允许一部分人——甚至整整一代人——成为博学家,发现自己的使命,否则智人将在两个世纪内面临灭绝的风险。机器智能和库日韦尔所说的"奇点"可能正在逼近,但至少还有几十年的时间。人类可以深入挖掘和重新发现自身永恒的独特性,找到我们这个物种安身立命的根本。为了这个目的,专业化显然不是一个明智的策略——相反,它使人类失去人性,让我们在一个与机器竞争毫无意义的时代变得更像机器。换句话说,它让我们迷失了真正的目标。

专业化并不是既定的。这套系统只是那些极少数受益者强加给我们的,我们其余的人只是想当然地认为应该如此。我们不假思索地相信政府、企业和媒体的说教。正如我们现在了解到的,事实上,专业化是一种诅咒,因为它妨碍了人类成就、扼杀了创造力、限制了生存机会、助长了无知和偏执,普遍地赋予人类一种单调乏味的生活体验。坦率地说,它正在扼杀人类的精神、禁锢人类的经验,进而威胁我们的生存。要把我们自己从这个不幸的现实中解放出来,就必须从思想上开始变革。我们都是天生的博学家。每个人都必须回归原始的自我,走上另一条成长和发展之路。

第 5 章

思想変革

要摧毁一个被专业化感染的系统,第一步就是为我们自己的头脑解毒。

我们生来就拥有好奇心、创造力和多才多艺的天性。在经历了秩序、同质化和从众心理的轮番进攻之后,社会让每一个心灵忘记了原始的自我。无论是作为个人还是作为物种,这种人为造成的健忘症对我们来说都是非常危险的。毕竟,在一个超级智能机器的世界里,我们作为不够训练有素的机械化的专家能有什么价值?机器轻轻松松就能超越我们。我们单一维度的简单头脑如何理解21世纪的复杂挑战?我们如何将自己从种种不必要的偏见中解放出来,不让它们影响我们的决定、观点和道德判断?或许更重要的是,作为追求整体自我实现的复杂生物,我们如何实现多方面的潜能?为此,我们必须重新发现自身内在的博学性。

通过综合传统智慧、现代认知科学,以及历史上博学家的生平和思想,我们可以描绘出博学家的认知旅程,然后将其吸收内化,改变我们自己的思想。这样的旅程有六个主要组成部分:

(1)个性——了解自己;

（2）好奇心——持续的、无止境的探询；

（3）智力——培养、锻炼和优化各种能力；

（4）多才多艺——在不同的知识和经验领域之间无缝转换；

（5）创造力——将看似独立的领域融会贯通，产生创造性的结果；

（6）统一性——将各种知识加以整合，获得更清晰的大局观。

在某种程度上，每个人都有统一性的意识、多才多艺的技巧、融会贯通的能力、一定程度的智力、创造性迸发的瞬间、天生的好奇心和对自我个性的认知。当这些特性被同步解锁时，博学的心灵就会觉醒。因此，如果我们能够将这些（整体上相互关联的）特性内化到我们的意识、我们的心态和我们的生活方式中，我们就能为开启博学人生打下坚实的基础。

个性

一个人只要有意愿，什么事都能做成。

——莱昂·巴蒂斯塔·阿尔伯蒂

（Leone Battista Alberti）

你可能从来没有听说过亚瑟·阿尔弗雷德·林奇（Arthur Alfred Lynch），尽管他是现代历史上的风云人物之一。他出生

潜 能

于 19 世纪 60 年代的澳大利亚,在那里成为一名合格的土木工程师,然后来到伦敦,成为《国民改革者》(*National Reformer*)杂志的一名记者,后来又成为《每日邮报》(*Daily Mail*)的驻巴黎记者。他渴望更大的冒险,于是前往南非担任战地记者,为《国民改革者》报道第二次布尔战争。在那里,他对布尔人产生了同情。在比勒陀利亚(Pretoria)见到路易斯·博塔(Louis Botha)将军后,他加入了布尔人的军队。他获得了上校军衔,组建了由爱尔兰人、开普殖民地(Cape Colony)居民和其他反对英国占领的反抗者组成的爱尔兰第二旅。

但是没过多久,他就被英国人俘虏,并被判处死刑。在命运的安排下,他获得赦免,在第一次世界大战期间自愿加入了英国新军,组建了皇家明斯特燧发枪团第 10 营(10th Battalion Royal Munster Fusiliers)。在伦敦期间,他取得了医师资格并开始行医,继而在英格兰和爱尔兰选区被选为国会议员。由于游历广泛,林奇精通多种语言,创作了大量作品,包括小说和自传,以及关于各种学科的评论,如生理学、哲学和物理学,其中包括对爱因斯坦广义相对论的大胆批评。

像大多数博学家一样,林奇表现出对个性的不懈追求,致力于发挥自己的真正潜能。我们都必须从一段自省之旅开始,发现自己的个性。在探索这种"本质上的独特性"(einzigkeit)的过程中,你必须愿意违背常规——必要时拒绝正式的、传统的、正规的方式,并准备好承担后果。这会使你边缘化,迫使你在所做的所有事情上尽可能地自给自足。到那时,也只有到那时,你才能准备好去成为最好的自己——这应该是一个由你自己设定的最佳状态。然后,这个内在的旅程必须转化为外在的旅程。

自我实现

不是每个人都应该成为博学家。但是对于那些在许多领域有兴趣和天赋的人来说,在某种意义上,博学就是做真正的自己。

——赛义德·侯赛因·纳斯尔

柏拉图曾经假设,知识是先天的,我们需要做的只是重新回想起来。实际上,希腊语中"真理"(aletheia)这个词的本义是"不能遗忘的东西",而"教育"(educate)的本义是"把内在的东西取出来"。认识和发展自我是博学家的首要目标。

个性的言下之意是对自我的关注,这是一种自私行为,但它不是以牺牲他人为代价来追求个人利益,而是关注通往社会、知识和精神自由的内省之旅。因此,这里必须对"原型自我"(self)和"意识自我"(ego)加以区分。事实上,将原型自我从意识自我中解放出来,是东方哲学千年来的首要目标。真正的博学家一般都有能力做出这种区分。

个性本质上是个恢复、承认和实现人的尊严的问题,也是对自由意志的肯定。巴基斯坦诗人和博学家穆罕默德·伊克巴尔认为，个性（khudi）既有现实层面的意义，也有形而上层面的意义："自我被提升到如此重要的地位，以至于在书写完每一种命运时，上帝都要亲自问人类——你是否同意？"

当然，自我不仅是一个被世人浪漫化的形而上学的概念，而且是一个神经生物学的事实——它暗示了我们每个人与生俱来的遗传独特性。神经学家大卫·伊格曼（David Eagleman）告诉我们：

> 我们每个人都有自己的轨道——由我们的基因和我们的经验决定——因此，每个大脑的内部都是不同的。大脑就像雪花一样，是独一无二的……你的大脑中有数以亿万计的连接在不断形成和重组，这种独特的模式意味着以前从来没有一个和你一模一样的人，以后也不会有。你的意识经验是独一无二的。

对于我们的存在，我们的基因构成（基因组）和神经结构（连接组）是独一无二的。重新发现、培养和引导它们是至关重要的。例如，中世纪欧洲出现的默读（与在集会中大声朗诵的传统仪式相反）使这种个人的独特性在西方世界得以发展，而几千年来，这一直是东方冥想传统的一部分。无论如何，意识到自己的独特性是第一步。一旦你知道了自己是谁，你就能知道自己能够成为谁。

第 5 章 思想变革

阿尔伯蒂 16 世纪的宣言"一个人只要有意愿,什么事都能做成",为个性的发展奠定了基础,激励了欧洲文艺复兴时期整整一代博学家成为"万能之人"。然而,现实是我们每个人都被赋予了一定的优势和劣势、天赋和缺陷、机遇和挑战。我们能够在一定程度上控制它们——实际上,总是有励志故事告诉我们,有人能够从无到有创造机遇,将劣势转化为优势[爱尔兰人克里斯蒂·布朗(Christy Brown)就是一个经典的例子。患有脑瘫的他只有左脚能够活动,却成为著名的诗人、小说家、剧作家和画家]。不过,我们只是普通人,体能和智力不好不坏。所以,我们必须尽我们所能打好手里的牌。对于真正的博学家来说,在自我的雄心壮志和现实感之间取得平衡是关键所在。正如西奥多·罗斯福所说的那样:"仰望星空,脚踏实地。"

英国教育家肯·罗宾逊认为,个人应该把关注点放在那些能够运用天赋和能力来满足热情和渴望的领域;事实一次又一次证明,成功就是在这个交叉点上孕育的。有些人能够在多个领域找到这种天赋与热情的交叉点。对于这样的人来说,每个领域都值得追求。内森·梅尔沃德(Nathan Myhrvold)在担任微软公司首席技术官期间,也从事野生动物摄影,晚上在饭店担任主厨,还请假攻读烹饪学位。离开微软后,他回到科学研究领域,创办了第二家创业公司,开展了大量的发明创造。他被 TED 称为"专业的万事通"。在 2007 年的 TED 大会上,他

潜　能

谈到了忠于自我和拥抱多面性的重要性：

> 在生活中发现你的热情所在，把所有的精力投入其中，这当然是一种人生智慧，但是我从来都做不到。是的，我会对什么东西产生热情，但是还有别的东西，然后又是别的东西。在很长一段时间里，我试图克服这种心态，我想，最好还是跟大多数人一样。但是最后，我认为我不应该抗拒真实的自己，相反，我应该拥抱它。

梅尔沃德回归天性，重新发现了自己的个性。只有这样，他才能成为最好的自己。

当然，自我是一个不断变化的概念，可以通过经验和内省来发现。拳击手—哲学家—歌手—剧作家朱莉·克罗克特（Juli Crockett）解释说，正是这种认识让她最终在多个领域脱颖而出："我努力与自己保持开放的关系，而不是想当然地下结论。不要假装'了解'自己。我不知道自己的边界在哪里。"实际上，《转行》（*Working Identity*）一书的作者埃米尼亚·伊瓦拉（Herminia Ibarra）指出，一个人的身份和潜力是通过不断试错来发现的，最好的办法就是让他从事不同的职业，评估他对每一种经验的反应。

第 5 章　思想变革

拒绝从众

如果你总是努力做一个正常人，你就永远不会知道自己能有多了不起。

——玛雅·安吉洛

爱德华·赫伦-艾伦（Edward Heron-Allen）的思想和行为与19世纪的普通英国人格格不入。第一次世界大战期间，他作为士兵在情报部门服役，后来出版了他的战争日记。在非专业人士被贬低为"外行"的那段时间里，他决定从事一系列看似互不相关的项目。首先，他手工制作小提琴，出版了一本关于小提琴制作的书，这本书直到100多年后的今天还在重印。他还成为一名手相学家，写了很多书，就这个主题在美国各地发表演讲。然后，他决定考取职业资格，从事法律工作。作为科学家，他在显微镜学、生物学和"有孔虫目"（有壳的单细胞原生生物）研究上的突破让科学机构不得不承认他的贡献。他最终入选了英国皇家学会。

和林奇一样，赫伦-艾伦也在职业生涯之外抽时间写了很多书，主题涵盖历史、佛教哲学，甚至还有一部关于芦笋的专著。作为一名东方语言学家，他研究了土耳其语和波斯语，翻译了波斯诗人奥马·海亚姆（Omar Khayyam）的诗集。此外，他还是一位颇有成就的小说家，用"克里斯托弗·布莱尔"

潜 能

（Christopher Blayre）这个笔名出版了许多恐怖和科幻题材的长篇和短篇小说。

赫伦-艾伦是个精神自由的人，他追随自己的激情和爱好，即使这使他脱离了传统的圈子。因此，他像许多最伟大的博学家一样，被贴上了"怪人"的标签；这个标签通常是贬义的，用来攻击那些敢于挑战或背离常态的人。在许多人看来，违背专业化的主流是反传统的、以社会标准衡量的怪异行为，专业化无疑才是现状。因此，随着单一领域专业化成为社会规范，博学家自动获得了"怪人"的标签。

根据心理学家的广泛研究，"怪人"是快乐、理性的人，只是在思想和行动上与大多数人不同。他们与社会中大多数人不在一个频道上，而这经常是有充分理由的。当然，也有研究表明，真正的天才和"疯癫"之间存在很强的相关性。但是我们现在知道，自闭症和联觉[①]之类的心理健康状况经常会激发非凡的智力和创造力。无论如何，法国思想家福柯（Foucault）提醒我们，"疯癫"经常被精英阶层用来诽谤和诋毁那些他们认为其观点或行为不可接受的人。然而，与通常的假设相反，反常并不是疯癫。

有趣的是，反常是博学家普遍的（虽然不是基本的）个性特征。临床精神病学家列出的反常的18种具体表现中，最

[①] 一种感觉现象，由一种形态的感官刺激，如听觉，引发另一种形态的感觉刺激，如视觉或味觉等。——译者注

重要的几种都与博学家相符,包括:不墨守成规的态度;理想主义;创造性;强烈的好奇心;对爱好的痴迷;高智商;对自己的个性有清醒的认识。因此,毫不奇怪,历史上许多(乃至全部)博学家——包括本杰明·富兰克林、列奥纳多·达·芬奇、艾萨克·阿西莫夫和路德维希·维特根斯坦(Ludwig Wittgenstein),等等——都在生前或死后被称为"怪人"。

个人主义的一个关键要素是挑战既定的正统观念。这种心态不可避免地导致对一切事物的质疑,从权威的合法性到流行的经济学说,从对经典的解释到科学真理的有效性,不一而足。但是,任何不循规蹈矩的人都有可能被大多数人边缘化。

不过,博学家很少注意到世人对他们的冷嘲热讽。他们忠于自己的天性,拒绝屈服于社会压力。用梭罗的话说,他们从不害怕"听的是另一种鼓声"。他们生活在自己的世界里,有自己的观点和方法,对自己追求知识和发展自我的方法充满信心。

在一些文化范式中,这种个性经常得到表达。雅各布·布克哈特(Jacob Burckhardt)说,在意大利文艺复兴时期,"没有人害怕引人注目,或者显得与众不同;人们固执地遵循自己的生活轨迹和个性法则"。对任何人来说,一切皆有可能。学习新技能、写一本与主业毫不相关的书,对博学家来说都不是问题,即使这与主流文化格格不入。

自给自足

1830年,美国先验论者拉尔夫·瓦尔多·爱默生(Ralph Waldo Emerson)发表了著名的《自立》(Self Reliance)一文,敦促人们追随自己的直觉和思想,不要随波逐流。他鼓励人们发现自我内在的天赋,实现自我的价值。一千年前,与柏拉图同时代的希腊厄利斯(Elis)的希庇亚(Hippias)便传授和鼓励一种称为"自给自足"的美德——一种不依赖于他人、自己满足自己的需要的伦理。这既有思想意义,也有实践意义。

人类生活离不开一系列特定实体的辅助(也可以说是控制):机器、组织、附件、人、自然法则和形而上学的法则、建筑、食物和药品。确切地说,我们每天都依赖各种各样的"辅助设备"——电脑、小工具、公司、政府机构、手提包、衣服、医生、汽车和其他实用物品。我们下意识地信任这些东西。这种寓言式的"信任契约"造就了一个自满和冷漠的世界。

我们相信安全机构能保护我们免受伤害,相信汽车不会在偏远地区趴窝,相信公司会为我们购买的商品制定合理的价格,相信笔记本电脑能正常工作,相信处方药能减轻我们的痛苦,相信人们在公共场合能表现得像文明人,相信手机在紧急状态下一定能用,相信建筑师设计和建造的房屋不会垮塌,相信外科医生能拯救我们的生命,等等。在过度信任中,我们变

第 5 章 思想变革

得自满,不知不觉间,我们的头脑不再进行每天最基本的探询。本来,我们每个人都有学习更多、了解更多的倾向。这种倾向在儿童身上表现得最明显,遗憾的是,它在成年人身上逐渐消失了。这样一来,我们不仅限制了自己与生俱来的本能,而且反过来把自主权交给了人、机器和组织,最终让它们控制了我们的生活。因此,成为博学家就是把自己从这种压倒性的依赖中解放出来。从某种意义上说,就是追求真正的自由。与其相信那些不可预测的因素,我们应该(像爱默生说的那样)"相信自己"。

为了获取知识和经验,博学家总是将他们对标准教育体系的依赖最小化。他们以自由思想家或"自由实干家"的形象出现。事实上,博学家、教育家哈姆雷特·伊萨赞里强调,"自我教育、终身的求知欲、顽强的意志和坚韧的毅力"是成为博学家最重要的条件。毫不奇怪,历史上大多数博学家都是自学成才的。勒·柯布西耶(Le Corbusier)、科沃德(Coward)、爱迪生、莱布尼茨、歌德、富兰克林、达·芬奇和泰戈尔等博学家所做的一切几乎都是自学成才的。

自学成才者指的是那些"喜欢自学,或以某种方式从非教学环境中获取知识的人"。他们认识到了标准教育体系的局限性,独立自主地追求他们感兴趣或认为有价值的东西。无论是一个学习复杂的数学知识并在实践中应用这些知识的印度市场交易员,还是一个将追求知识作为反对暴政手段的法国自由思

潜 能

想家，自学成才者的个性都是他们追求知识自由和社会自由斗争的一部分。在这个过程中，他们为自己创造了无限的可能性，即便一开始需要逆流而上。

今天，许多最博学多才的人并不是来自传统的知识分子圈子——很多人甚至没有受过基础教育，更不用说取得大学学位了。讽刺的是，如今在科伦坡的嘟嘟车司机、利比里亚的小企业主和乌兰巴托的鞋匠身上，而不是在现代西方受过高等教育的专业人士身上，更容易找到百科全书式的知识。你可以试试看，让一位华尔街的金融衍生产品交易员或一位植物学教授，与一个埃尔比勒的出租车司机或一个喀土穆的理发师同处一室，让他们围绕一系列话题展开讨论，结果可能令人大跌眼镜。怎么会这样？这就好比一边是年轻的迈克·泰森（Mike Tyson），一个爱打架的街头混混；另一边是一个公立学校富家子弟——买了最好的装备、雇了最好的教练、学习了所有的传统技巧。显然，前者比后者更擅长拳击。泰森必须为拳击而战，他更加饥渴、不受拘束、听从直觉，而"人造的"拳击手机械而正统、养尊处优、只会纸上谈兵。那些没有受过教育的社会底层人士往往表现出更强烈的好奇心和更纯粹的献身精神。比如在20世纪初，美国的黑人运动员要比白人运动员优秀十倍才能入选球队。事实上，自卑感和压抑感能够成为强大的激励因素，正如我们在保罗·罗伯逊、何塞·黎刹和切·格瓦拉等博学的革命家身上看到的那样。

人类最优化

终其一生，莱昂·巴蒂斯塔·阿尔伯蒂一直致力于成为最好的自己。我们对他的了解主要是他是15世纪的人文主义哲学家。他的《论卓越的个人与一家之主》(*De iciarchia*)是定义廷臣—博学家世界观的核心文本。他的著名宣言"一个人只要有意愿，什么事都能做成"成为人文主义运动的口号。而他也将自己的宣言付诸实践。

阿尔伯蒂在著名的博洛尼亚大学学习法律，以教会法博士的身份毕业；他被任命为罗马教廷的秘书，受命重写圣人和殉道者的生平传记。

他对视觉艺术很感兴趣，在咨询了多纳泰罗（Donatello）和布鲁内莱斯基（Brunelleschi）等著名艺术家后，完成了影响深远的《论绘画》(*On Painting*)，第一次阐述了艺术中的透视理论。然后，他被任命为教皇的建筑顾问。他的《建筑论：阿尔伯蒂建筑十书》(*Ten Books on Architecture*)成为文艺复兴时期的建筑圣经，为他赢得了"佛罗伦萨的维特鲁威"的称号。他还写了一部地理学专著，阐明了测绘土地面积的规则，以及一本语法书，试图证明托斯卡纳方言和拉丁语一样适用于文学写作。他在密码学方面的工作包括已知最早的词频表和最早使用密码轮（也被认为是阿尔伯蒂的发明）的多字元加密编码系统。

潜　能

　　像阿尔伯蒂这样的博学家会为了追求最佳状态而不懈努力。最优化是指充分意识到一个人的潜能，这不同于追求虚幻的"完美"。马斯洛（Maslow）说"一个人想成为什么样的人，就能够成为什么样的人"，一个人只有"成为他所能够成为的一切"，才能充分地实现自我。这是一种内在的心理倾向，只有在适当的情况下才会被激活。所以，即使我们在一个领域取得了很高的成就，我们还是不会满足，除非我们能够实现所有的可能性。认识到我们本质上是多面的，努力实现所有的可能性，自然需要对多种天赋和兴趣进行探索。保罗·罗伯逊就是受到这样的启发。他从他父亲那里学到了"人类成就最大化"的理念——人生的成功不是用金钱和个人发展来衡量的，而是应以最大限度地开发自己的潜能为目标。

　　历史上有过一些时间和地点，比如在阿尔伯蒂生活的文艺复兴时期的意大利，这是一种普遍心态。用这一时期最重要的历史学家雅各布·布克哈特的话说："首先给予个体最充分的发展，然后引导个体在所有的条件下、以所有的形式对自身进行最热情和最彻底的研究。"忽然之间，人们的关注点从上帝转移到人类自身，艺术家的自画像和作家的自传突然增加，就是这种心态的证明。这反过来又造就了一个密切关注个人发展的时代：人们痴迷于阅读伟人的传记，对绅士风度一丝不苟，对知识孜孜以求，并致力于培养艺术和文学兴趣。对人类潜能的信念达到了理想主义的水平，最优化成为终极目标。

乔瓦尼·皮科·德拉·米兰多拉本人是一位博学家，是文艺复兴时期人文主义的主要倡导者之一。他在著名的《论人的尊严》中写道："父在人出生时为他注入了各类种子以及各种生命的根苗。这些种子将在每个培育它们的人那里长大结果……并且，如果他对任何其他造物的命运都不满意，他会将自己收拢到自身统一体的中心，变成唯一与上帝同在的灵。"有人可能认为这是夸大其词，但是本质上，他所要传达的信息是，我们都有尚未开发的、渴望实现的潜力，追求最优化就是公平地对待自己。言下之意是，为此，我们不应该依赖任何人或任何事物。

伟大的心理学家卡尔·罗杰斯（Carl Rogers）认为，通过缩小一个人是谁和他可能成为谁之间的差距，人类就能实现最优化。罗杰斯说，"能力得到充分发挥的人"能够过上"美好的生活"："我确信，美好的生活不是为胆小鬼准备的。它关乎个人潜力的延伸和成长。这需要勇气，意味着让自己完全投入生活的洪流。"

好奇心

我们不断前进，打开新的大门，做新的事情，因为我们充满好奇，好奇心不断引领我们走上新的道路。

——华特·迪士尼（Walt Disney）

天生的特质

没有比对知识的渴望更自然的欲望了。我们用尽一切方法寻求知识。

——米歇尔·德·蒙田

11世纪的波斯天才比鲁尼（Al-Biruni，又译阿尔比鲁尼）终身都是知识的探求者。他受过全面的教育，尤其是在天文学和数学方面，还不到二十岁就掌握了所有已知的知识。他很早就熟稔各种神学演说和宗教习俗。他在加兹尼的马哈茂德（Mahmud of Ghazni）的朝廷中担任顾问和大使，创作了第一本关于宗教节日计时法的著作；作为狂热的数学家和天文学家，以及训练有素的历史学家、人类学家和神学家享有盛誉。

马哈茂德在征服现在的巴基斯坦期间俘虏了一批印度人，比鲁尼对人类学和哲学最重要的贡献是在进入马哈茂德的朝廷，接触到这些人之后做出的。除了撰写印度风俗、语言和实践方面的著作之外，比鲁尼还是第一个真正接纳印度宗教的穆斯林哲学家；印度教通常被认为是多神教的异端，而他认为印度教是一种复杂的哲学世界观，值得认真研究。为此，他撰写了关于印度历史、科学、文化、哲学、语言和神学的长达600页的巨著，书名就叫《印度》(*The India*)。

他的下一部重要著作《天文典》(*Qanun*)是对托勒密的

《至大论》的发展。比鲁尼继续发表了大约140篇科学论文，涉及矿物学、药理学、植物学和医学（包括翻译和原创贡献）。他终生都被一种永不满足的好奇心驱使，广泛地探索各种不同的领域。

好奇心是像比鲁尼这样的博学家最基本的驱动力，它根植于我们的身体和意识之中。社会学家有一个压倒性的共识，即好奇心是人类的基本特征之一——无论阶级、种族或性别，所有人身上都存在这种天性。进化生物学支持这种观点，一再证明人类天生就具有好奇心。举例来说，灵长类动物会花费更长的时间去发现活板门的另一边有什么，甚至比争夺食物和配偶还要努力。动物学家德斯蒙德·莫里斯是研究人类和动物行为的著名学者（顺便一提，他也是一位成功的超现实主义画家），他在1967年的畅销书《裸猿》中总结道，一切哺乳动物都有强烈的探索冲动，而人类是所有哺乳动物中最好奇的：

> 一切幼猴都有强烈的好奇心，但是，在成年的过程中，它们好奇的强度逐渐减弱。在我们的身上，幼年时期的好奇心反而逐渐增强，伴随我们进入成年。我们从不停止调查研究。我们在求知中永不满足于能勉强度日。解答一个问题之后，我们又去解答新的问题。这已成为我们人类最了不起的生存要诀。

行为科学家和神经经济学家乔治·洛温斯坦（George

Lowenstein）说，好奇心是当我们感觉到"我们所知道的和我们想知道的"之间存在差距时产生的一种冲动。这种差距会造成情绪上的影响：一种精神上的痒，就像大脑被蚊子叮了一口。我们寻求新知识，因为这是我们抓痒的方式。首先，这是因为大脑天生不喜欢含糊和不确定，好奇心被激活，以消除这种含糊和不确定。其次，不充分的视觉刺激（其实是任何刺激）会导致大脑自动寻找摆脱无聊的方法，以达到觉醒状态的最佳平衡。

我们对抽象信息的渴望——本质上也是好奇心的起因——始于对多巴胺的渴望，与"对性和摇滚乐做出反应"的原始路径同根同源。难怪亚里士多德说"所有人天生都渴望知识"，而达·芬奇得出了"学习永远不会消耗心神"的结论。查尔斯·范·多伦在他的《知识的历史》中强调了这种心态的无穷力量：

> 当你意识到自己的无知时，想要知道的欲望是无法抗拒的。这是人类最初的诱惑，没有人能够克服它，特别是儿童。但是，正如莎士比亚所说，这种欲望是填不满的。对知识的渴望不可能消除。你懂得越多，这种渴望就越强烈。

达·芬奇研究权威马丁·肯普证明，好奇心是博学家的标志：

第 5 章 思想变革

> 达·芬奇的心灵像孩子一样充满好奇——为什么会这样？我在看什么？我怎样才能理解它？这种孩子般的好奇心和强大的知识力量相结合，产生了超乎想象的结果。

伊斯兰教的求知方法堪称典范。穆罕默德鼓励人们"求知，从摇篮到坟墓"，"在一切可能的地方寻求知识"；他说过，"求知是每一个穆斯林的天职"，"谁走上求知的道路，真主就使他容易走上通往天堂的道路"。他还说过，"学者的墨水比烈士的鲜血更珍贵"，"一小时的思考等于七十年的礼拜"，以及"一个学者给魔鬼带来的麻烦比一千个无知的信徒还要多"。穆罕默德所说的知识既包括世俗的，也包括宗教的，二者缺一不可。

智力与好奇心之间的联系至关重要，甚至可以说，好奇心是成功的主要驱动力。爱因斯坦曾经说过："我没有特殊的天才，只有强烈的好奇心。"作为人类与生俱来的天性，几千年来，各种文化、宗教和哲学都鼓励人们保持好奇心，或者"对知识的渴望"。

但是正如智力和创造力一样，好奇心在头脑中有两种路径。第一种是追求深度，即个体对某一特定主题进行越来越深入的探索，这是那些渴望沿着一条直线走到金字塔顶端的专家的典型路径。第二种是追求无限的广度，不存在什么金字塔，这是博学家的路径。博学家对一切都感到好奇，人为制造的学科界限不能将他的心灵局限在一个特定领域。他像一个记者或侦探一样进行一系列的调查，无论这个问题需要他学习生物仿生学还是管道施工，天体物理学还是砖石圬工，他都保持开放的心态。正如蒙田所说的："谁要在此得到什么学问，那就要看鱼会不会上钩。"

对多个（相关的和看似不相关的）现象提出问题是具备好奇心的标志。保罗·罗伯逊从小就养成了"对学习的热爱，对全部真理的不懈追求"的习惯。实际上，儿童是终极的探询者和博学家的雏形，尽管成年人不会失去好奇心——这似乎是人类的一种原始特质——但他们的好奇心在质量和类型上都在退化。他们变得更加关注怎样做，而不是为什么；更加关心信息，而不是对信息的理解。

当其他大多数成年人在日常生活中疲于奔命时，批判性思考者以一种更加复杂和系统化的方式延续着儿童的好奇心，比如博学型哲学家、"怪人"艺术家、业余爱好者和"万事通"。成年人认为，只知道那些需要知道的东西就行了，因此变得越来越封闭。他们失去了好奇心。

长久以来，有许多神话、寓言和谚语警告人们好奇心的危险，将这种观念深深地植入我们的脑海。"潘多拉的盒子"和"好奇害死猫"的说法，说明好奇心在我们的社会中被视为一个贬义词。这种文化的根源在于精英主义。精英阶层向大众隐瞒知识，让他们相信"管好自己的事"就够了。

第5章 思想变革

知识的来源

知识取决于认知模式。

——亚里士多德

真正充满好奇的博学家都会认识到这样一个事实：人类的知识有许多基本来源，其中很多是相互重叠的。知识的来源不应与信息的来源相混淆，前者是我们获得理解力和洞察力的主要源泉。

纵观历史，一个受到广泛承认和尊重的重要知识来源就是人类的证言。知识从一个拥有者手中传递到其他人手中，无论是通过口头形式的非洲民间故事、阿拉伯诗歌、社会谈话录、电视、现代大学讲座和TED演讲，还是通过书面形式的古代碑刻、打印论文和现代电脑屏幕，它们都是人类历史上最伟大的知识转移、获取和积累过程。

证言知识（或信息）主要基于信任，不过，为了在具体情境中理解和认识这些知识，在一定程度上也依赖直觉和理性。这样一来，人类的理性本身——无论有没有证言知识——也成为知识的重要来源。哲学家正是通过这种形式获取知识的。他们运用推理能力对存在、自然和道德提出各种各样的问题，并在这个过程中解放思想，得出一系列全新的可能性和结论。真正具有独创性的思想家，比如佛陀、苏格拉底和孔子，都是这种哲学家的范例。他们依靠的是理性和直觉知识,而不是证言知识。

人类的理性还受到另一种知识来源的驱动,即由人类感官(视觉、听觉、触觉、嗅觉和味觉)直接获得的感性经验。正如达·芬奇所说的:"我们所有的知识都源于我们的感知。"不过,这种经验知识只是暂时的,除非它能够被存储在长期记忆中,并与其他知识相互融合以增进理解。通过这种方式,我们自己的记忆——以及从记忆与知识的相互融合中产生的洞察力——本身就能成为知识的一个主要来源。

虽然大多数现代西方知识理论家都同意,证言、推理、经验和记忆是知识的主要来源,但是其他传统文化也有自己的知识论框架(例如,印度瑜伽就有16个极尽微妙的知识来源)。一般来说,被全世界不同传统文化承认的重要知识来源包括:秘传〔如斯坦纳在《高等灵界知识》(*Knowledge of the Higher Worlds*)中的描述〕;天启〔通过《古兰经》、《圣经》、《阿维斯陀》(Zend Avesta)和《吠陀经》(Vedas)等经文传达的神圣智慧〕;语言(每种语言都代表一种特定的思维模式);文化(不同的价值观、道德和实践可以影响认知方式);艺术(音乐或绘画语言)。其他来源还包括:直觉〔卡尼曼(Kahneman)双系统思维模型[①]中的第一系统〕;遗传〔卡尔·荣格(Carl Jung)

[①] 将思维描述为两种不同历程的结果,第一种是隐性的(自动的)、无意识的历程,第二种是显性的(受控的)、有意识的历程。——译者注

的记忆遗传理论〕；联觉（一种感觉引起另一种感觉）；情绪（"非理性"的感情可以告诉我们关于自己和世界的许多东西）；麻醉剂（药物引起的创造力，长期以来各个领域的无数天才都可以证明）；自然（植物、动物和宇宙的认识论）；技术（人类与机器智能的融合，注定要在超越生物学的层面上改变我们的认知模式）；性（一些印度传统相信性的力量能够激发认知转变）；以及互动（辩证法）。

正如一句夏威夷谚语所说的："并非所有知识都能在一所学校里学到。"对于不同的目标，不同的知识来源具有不同的价值；必须理解，视情况而定，不同的知识来源可能同样有效。有抱负的博学家应该从多种来源中汲取知识，在这个过程中，他们会自然而然地置身于不同的知识领域之中。

心灵的局限

所谓的客观世界只是一种罗夏墨迹（Rorschach inkblot）测验[1]。每种文化、每种科学和宗教体系、每种人格都能从墨迹本身的形状和颜色中解读出自己的意义。

——刘易斯·芒福德（Lewis Mumford）

《时尚先生》（Esquire）的编辑 A.J. 雅各布斯（A.J. Jacobs）

---

[1] 人格测验的投射技术之一。测验由一组有墨迹的卡片组成，受试者会被要求回答他们认为卡片看起来像什么，心理学家根据他们的回答及统计数据判断受试者的性格。——译者注

自诩为人类的小白鼠。为了增加各个方面的生活体验，他将自己置于一系列极端生活方式的实验之中，包括将生活外包给一个印度团队、严格按照《圣经》生活一年、追求极端的完美身体状态、组织全球家庭团聚，以及遵守美国国父提出的全部110条社会规范。他把每一段经历都写成了一本书。有一天，他忽然感觉到自己的无知，决定花一年时间读完《大英百科全书》从A到Z的全部4 400万字，成为一个"万事通"。在完成这项任务时，他有了一个意料之外的发现："我对每件事情都不那么确定了。"他说："我唯一能够确定的是，确定性是一个危险的东西。我们需要更多地讨论可能性。我们需要承认我们的知识是有限的。"雅各布斯的结论让我想起了那些古老的智慧。

历史上那些最聪明的头脑总是竭力强调，一个人在一生中能够了解的东西是有限的。3世纪的中国哲人葛洪说："乃知天下之事，不可尽知。"中国哲学家孔子说过："知之为知之，不知为不知，是知也。"类似地，15世纪的德国哲学家库萨的尼古拉（Nicolas of Cusa）说："一个人越是认识到自己的无知，就越是能够学到更多的东西。"印度哲学家斯瓦米·拉姆达斯（Swami Ramdas）说："当你意识到自己一无所知时，你才能了解一切。"这些说法都与老子"自知者明"的道家思想相呼应。

真正认识到自己的无知，是博学家的标志。在《世界哲学》（*World Philosophies*）一书中，戴维·E.库珀（David E.

Cooper)教授对世界历史上的几乎所有哲学传统进行了调查,谈到了他从灿若繁星的哲学观点中得出的重要认识:

> 探索历史上的多元视角的一个好处是教会我们谦卑。出于无知,人们总以为自己是第一个想到某些问题的人。事实上,早在几个世纪以前就有人想到了。

不仅东方和现代以前的哲学家指出我们的大脑在理解现实方面存在局限性,现代神经科学也表明,人类的头脑只能掌握我们的感官感知到的现实,实际上这只有电磁波谱的十万亿分之一(我们只能看到可见光,需要借助机器才能捕捉到 γ 射线、X 射线、无线电波、Wi-Fi 等)。正如神经科学家、畅销书作家大卫·伊格曼所说的:"我们对现实的感知能力被我们的生物特性所限制……我们的大脑只能对世界的一小部分进行取样。"其他动物能够看到我们看不到的现实(例如,蛇能看到红外线,蜜蜂能看到紫外线)。人类的大脑有自己的"环境"(umwelt,这是一个德语单词,被科学家用于这种特定语境),既深不可测,又不可避免地受到局限。

对于一些人来说,这样的事实使追求知识变成一件徒劳的事,但是对于思想开放的博学家来说,这是多元化世界存在的证据,每个世界都需要被理解和整合。博学家明白,人类的思想和追求知识的道路往往被局限在单一维度,掩盖了多元化认知对我们思维的影响,或者文化偏见对我们思维的限制。这激起了一种强烈的、无止境的好奇心，使博学家成为一个真正的探索者。

多元视角主义

因此，博学家尽量追求客观，也就是说要扩大自己的"环境"。他们采取一种知识探询的方法，包括发现、追求、体验和了解多种视角，然后融会贯通，以一种更完整、更公正的方式认识世界。科学哲学家E.O.威尔逊认为这是揭示现实的最佳方法论：

> 只有当我们能够顺利地跨越各个领域的边界时，我们才有可能看清楚真实的世界，不再通过某种意识形态和宗教教义的透镜观察事物，或者受制于满足迫切需求的短视反应……光凭学习各学科的片面知识，无法获得均衡的视角，我们需要追求这些学科之间的融通。

我们积累的知识和经验越多，就越能揭示更多的视角，从而形成我们自己更全面、更丰富的世界观（至少能够为之提供信息）。正是这种认识论上的统一，使一个人站在客观的立场上。它不仅增加了真正的同情和理解（在当今多元化、全球化、互联互通的社会中，这是非常必要的），也促进了社会和知识自由。这是一种更全面地理解人类现状的方法，或者简言之，一种获得真正的教育的方法。

这似乎是显而易见的，但令人惊讶的是，很少有人能够做到——除了那些真正博学的人。我敢说，即便是那些最伟大的知识分子也做不到。然而，古印度人对此却有充分的理解。耆那教哲学家发展出一种称为"非绝对论"的思维模式，认为世界是多面的、变化的，不同的时间、地点、属性、立场会催生无数的视角。人们经常用"盲人摸象"这个比喻来形容这种情况。在我们这个时代，"城市"就像大象，它的"居民"就像盲人。

想象一个充满活力的、多维度的城市，比如21世纪的伦敦。其居民的社会、种族、职业、教育背景各不相同。根据这些因素，每个居民对这座城市都有自己的体验。伦敦本身是一个确定的现实，但人们对它的看法取决于各自独特的体验。因此，更加多元化的城市体验会更加接近现实，单一维度的体验则根本不具备客观性。

由于知识是如此无穷无尽，任何有智慧和悟性的头脑都有能力找出一组令人信服的论据来支持他的假设。在带有偏见、有限理性的（理性本身就基于个人直觉的飞跃）人类大脑的加工之下，一个人无论多么知识渊博，总能巧妙地选择一部分事实或观点——通常只是人类知识海洋中的点滴——以确凿无疑的方式呈现出来。

但生活中充满了无穷无尽的细枝末节，如果要真正考虑到所有的因素，大多数决定几乎都不可能做出。由于生命是如此短暂，人们（受自我意识和生存本能的驱使）不得不对人、情况和知识进行简化、定性、分类、假设和判断。我们必须在严格的时间限制之内做出决定、形成意见。这是一个困境。这就是为什么达·芬奇说"人类蒙受的最大欺骗来自他们自己的观点"。因此，许多博学家采取了哲学家戴维·E.库珀强调的融合态度：相信"通往真理的道路是将许多视角集合在一起，从中产生一个共同的核心，即'真理'之所在"。

记住这点，我们就需要在不可避免地进入舒适区之前，尽可能延长兼收并蓄的时间。如果能够保持开放的心态，尽量获取更多的知识，考虑到多种因素并加以有效利用，你的决定就会更明智（并因而更接近真理）；类似地，如果你的生活经历（和知识）足够多样化，你存在的基础就会更坚实，你的见解就会更深刻。因此，对博学的追求可能是减少认知偏见的最有效方法。

这就是两个谦卑的博学家之间的辩论，比两个自负的专家之间的辩论更加富有成效的原因。例如，当今关于科学与宗教、资本主义与社会主义、自由主义与保守主义等话题的大讨论，几乎没有取得任何有望达成相互理解的进展，因为各方都依赖自己领域的专长，指责对方缺乏理解。玛丽莲·沃斯·莎凡特（Marilyn vos Savant）是世界上最聪明的人之一。她指出："如果做不到博学多识，我们就只能接受他人的说辞、判断和信念，而没有适当的评估手段。"辩手们在两个完全不同的频道上进行辩论，因为他们的兴趣都在于维护自己的立场，而不是对它发起挑战（实际上，在当前的范式中，最简单的生活方式就是捍卫自己的立场，而不是探索不同的视角）。让他们改变思维方式是很困难的。

爱德华·德·波诺（Edward de Bono）在他的畅销书《六顶思考帽》（*Six Thinking Hats*）中提出了"水平思考法"，鼓励一群人共同分享多种视角。这种方法在处理创造性问题和解决争议方面非常有效。就像苏格拉底的辩证法一样，它将自我从集体探究的过程中抽离出来。

开放的心态

学习使灵魂更丰富。

——纳米比亚谚语

真正好奇的心灵总是开放的。大多数人在人生中很早的阶段就形成了特定的观点或做出了特定的决定，并且出于某种原因（通常是情绪的而不是理性的）形成强烈的信念。这种信念可能带来了成功，或者一定的荣誉和地位。180度的大转变，甚至90度的转变通常都意味着职业自杀，在最坏的情况下，会对自我造成严重的打击。这种倾向至少在一定程度上解释了为什么职业和知识专业化仍然大行其道。

这种抱残守缺的封闭心态，源于大脑天生不喜欢模糊性，它往往盲目地试图消除模糊性，而不是去深入探索。模糊性可能激发一些人的好奇心，但是其他人希望立刻获得确定性，这阻断了调查的过程。大多数人迫切需要一个答案，以便结束进一步的信息处理和判断，即使这个答案不是最好的，甚至不是正确的。认知科学家将这个过程称为"认知闭合需要"（need for cognitive closure，NFCC）。

　　此外，大脑已经进化出一种称为"组织图式"的自动认知程序，以确保在心理上对一切事物分门别类。通过将概念分组，找到其在周围环境中的位置，是一种有效的方法，能帮助人们从分析迅速转向行动。虽然这些图式一度对基本生存至关重要，但是在现代社会，它们抑制了一个人思考的广度和创造性。我们从不质疑那些既定的假设；我们过早地跳到结论，只从单一的角度思考问题，为其他的思维方式制造障碍。

　　人类和动物行为观察者德斯蒙德·莫里斯注意到，人类的个性可以分为喜爱新鲜事物和害怕新鲜事物两类。只有思想最开放、最喜爱新鲜事物的思想者才能成为博学家，因为这些人感觉，在对一个不了解的问题做出轻率、无知的判断之前，必须去充分地探索它。心理学家在分析博学家的个性时会发现，他们在人格五因素模型[①]的"开放性"指标上得分很高。

---

① 又称"大五人格模型"。——译者注

第 5 章 思想变革

开放的心态经常被误解为优柔寡断。人们习惯性地认为，开放的心态意味着不愿意得出强有力的结论。但是对于真正充满好奇的人来说，开放的心态只是一种倾向、一种系统的探询方法、一种对生活的理智态度，而不是一种犹豫不决的状态。事实上，如果一个人愿意耐心地追求真理，开放的心态可以帮助他看得更清楚。11世纪的波斯博学家安萨里在描述他的知识（和精神）之旅时阐述了这种方法：

> 我清楚地知道，除非一个人对某种科学的掌握已经达到极致，否则他就无法理解这种科学的缺陷。他必须能够与最精通这种科学的学者比肩，然后超越他们的水平，才能认识到连这些公认的专家也看不到的复杂难解的问题。只有到那时，他所提出的缺陷才是真正的缺陷。

同样，苏格拉底式对话的基础是，他和对话者都认为自己什么也不知道；他们谈论的话题无所不包，在谈话的过程中必须抛开自我、保持开放的心态，只有这样，才能通过谈话达到别人无法企及的认识水平。苏格拉底坚信："唯一真正的智慧是知道自己一无所知。"

但是，保持开放的心态并不容易。法国文艺复兴时期的散文家和博学家米歇尔·德·蒙田说过："事实上，像亚里士多德一样说话、像恺撒一样生活，要比像苏格拉底一样说话、像苏格拉底一样生活容易得多。"也就是说，满足于掌握真理而沾沾自喜，要比承认自己现在是一个探索者，而且将永远是一个探索者，去坚持不懈地追求真理容易得多。

生活的知识

一个人应该能够给孩子换尿布、计划一次进攻行动、杀猪、驾驶飞船、设计建筑物、写诗、做会计账目、砌墙、接骨、照顾临终的人、执行命令、下达命令、与人合作、独立行动、解方程式、分析一个新问题、施肥、编程、做一餐美味的饭、高效地战斗、勇敢地死去。专业化是为昆虫准备的。

——罗伯特·A.海因莱因（Robert A. Heinlein）

关于什么是"有用的"知识，不同的社会有不同的理解，这取决于人们认为生活的根本目标是什么。儒生认为获取知识是提高道德修养的手段；印度教徒和穆斯林传统上认为学习知识是为了认识神性；史前的狩猎—采集者认为知识是在一个充满敌意的艰难环境中谋求生存的手段。对于现代人类来说，知识可以分为战略性知识和操作性知识。战略性知识是朝着终极目标前进所需要的知识，无论这个目标是什么。战略性知识指的是对我们生活的全局和背景的理解——我们在宇宙中的位置，宏观层面的决定和政策对我们生活的影响，我们的精神和道德存在，我们的职业目标、家庭计划，等等。对于博学家来

第 5 章 思想变革

说,战略性知识是许多方面的组合。

操作性知识指的是在实际的、日常的层面上,妥善地安排生活所需要的知识。这是一种功能性的知识。通常,所谓的"实用通才"拥有或追求的就是这类知识;这些人能够识别出所有可能影响他们生活的基本要素,无论其范围有多广,然后教会自己如何处理这些要素。《世界重启:大灾变后如何快速再造人类文明》(*The Knowledge: How to Rebuild our World from Scratch*)和《〈纽约时报〉实用指南大百科》(*The New York Times Practical Guide to Practically Everything*)等图书强调的就是这种类型的知识。

要达到有意识的觉醒状态,需要同时获取战略性知识和操作性知识;需要让我们从被动、自满、冷漠的恍惚状态中觉醒,进入一种完全认知的清醒状态。这需要最充分地发挥大脑的能力,有效地协同左右半球,以及有意识和无意识的系统。

首先,一般知识不应该被视为闲杂琐事。正确的一般知识对个人有着实际的价值(效用),与个人生活息息相关,对于改善日常生活是不可或缺的。为了在这个日益复杂的世界中谋求生存,这类知识是必需品。当然,无论我们多么勤勉地追求自给自足的生活方式,仍然有许多事情是我们无法控制的。正如伊本·赫勒敦在 14 世纪的杰作《历史绪论》中提醒我们的那样:我们永远无法真正了解生活中一切事物的真相,也无法制造旅途中需要的所有工具。

潜　能

举例来说，大自然的影响几乎是我们无法控制的。一定程度的相互依赖始终不可避免，在某些情况下还是求之不得的。不过，至少我们每个人都可以积累与基本生活相关的知识；例如，自然、机器、经济、建筑和人如何运行，以及会对我们自身产生哪些影响，就是重要的信息。更重要的是，我们必须了解这些因素是如何直接或间接地融入和影响我们的生活的。这意味着我们应该不断积累经济、政治、科学、哲学、心理学、宗教、历史和数学等各个领域的知识。我们拥有的知识越多，我们就越能更好地整合和运用这些知识来满足我们的个人需求，我们的选择和决定（无论是基于理性还是基于本能做出的）就会越明智。

不过，正如 Mathematica 网站的创始人、博学家斯蒂芬·沃尔夫勒姆（Stephen Wolfram）所说的："你需要一个学习的理由。"通常，这个理由就是生活，或者生存。例如，两种止痛药的区别、咖喱的起源、政府的住房政策或者东非的性哲学等简单的事实，都可以影响一个人的情绪、收入、健康、人际关系和整体表现。但是，自满和无知会降低我们的生活质量，使我们失去控制力。无知是一种虚构的幸福。

米歇尔·德·蒙田说过："我唯一寻求的知识，是要告诉我如何认识自己，教会我如何更好地生活以及更好地死去。"正是这种心态让他成为一个博学家。显然，世界上能够影响我们生活的东西是多种多样的。因此，我们的知识也必须多种多样。开车、做饭、操作电脑、爱我们所爱的人——这些日常事务都是截然不同的，需要不同类型的知识和认知能力。它们组合在一起，构成我们生命中的一天。我们在学习这些东西时没有任何疑虑，因为我们承认它们有助于我们的生存，能使我们生活得更好。那么，为什么在不同的学术和职业领域之间切换就会引起争议呢？

我们必须扩展自己的基本知识和认知能力，以便将那些通常（或者可能在某个时刻）影响我们生活的方方面面都纳入其中。例如，为了应对现代生活中典型的法律、财务、医疗、家务、技术和生存挑战，我们必须学习（至少是基本的）律师、会计、医生、杂工、电脑工程师、艺人、军人技能。否则，我们就只能依赖专家，结果在最基本的问题上都要任由他们摆布。事实证明，这是非常昂贵的，包括经济成本和其他成本。现在，人们越来越意识到这一点：旨在分享各种日常生活知识的"生活黑客"（Lifehacker）之类的博客越来越受欢迎，这表明人们渴望拥有更多的生活知识。

智力

天才的天赋绝不限于一个领域。

——哈姆雷特·伊萨赞里

潜 能

威廉·西迪斯（William Sidis）是美国著名的神童之一。据说他是有史以来智商最高的人，他18个月就能阅读《纽约时报》，8岁时自学了8种语言（拉丁语、希腊语、法语、俄语、德语、希伯来语、土耳其语和亚美尼亚语）。由于从小智力超群，他的父亲为他申请了哈佛大学。虽然最初因为年龄原因遭到拒绝，但是两年后，11岁的他被哈佛大学录取。16岁时，他以优异的成绩毕业。他教过高等数学，然后进入哈佛大学法学院。后来，他在许多领域撰写过文章，包括宇宙学（提出了基于空间其他区域的另一种热力学理论）、印第安人历史和人类学［他的《部落与合众国》(*The Tribes and the States*)一书介绍了美洲10万年来的历史］、语言学（自创了一种称为"Vandergood"的语言），以及交通系统（写了一部关于有轨电车转型的著作）。他成了名人，但是渴望避世隐居。他本来还有潜力和意愿去探索更多领域，但遗憾的是，他52岁[①]时便离开了人世。

非凡的智力是天才的标志；正如西迪斯的例子证明的，真正的天才是不受限制的。奥塔哥大学（University of Otago）的心理学家杰弗里·怀特（Geoffrey White）发现，"典型的天才在兴趣和能力方面都超越了典型的大学毕业生"。社会试图将西迪斯归类，先是数学家，然后是律师、语言学家，再然后是

---

① 原文如此，威廉·西迪斯生于1898年，卒于1944年，享年应为46岁。——译者注

历史学家。每一次，他都打破分类，追求另一个领域。结果，他被贴上了怪人的标签。事实上，西迪斯是一个受到社会压迫的博学家。他的故事表明，即使是智商这种传统意义上的智力——我们经常将其与天才联系在一起，尽管有时候这种联系是错误的——也与博学相关。

这一点得到了美国心理学家基思·西蒙顿（Keith Simonton）的证实。他认为高智商与博学有着密切的联系："智商不仅与名望有关，还与多才多艺等优点有关。一个人的智商越高，他能够获得成功的领域就越多。"他说，原因在于，"有了更多的知识储备，他们就可以从事更多的行业，而不会像外行那样浪费精力"。也就是说，一个智力超群的人能够将他的智力资源更慷慨地分配到更多的领域，而智力平平的人因为在每个领域分配的智力有限，所以不太可能在多个领域做出重大贡献。玛丽莲·沃斯·莎凡特曾经是世界上智商最高的人，她也同意这种观点："我认为一个人的一般智力与多才多艺密切相关。"

伦敦国王学院（King's College London）的行为遗传学教授罗伯特·普罗明（Robert Plomin）解释了其中的原因。"如果你更聪明，你的思考就更有战略性，不管你扮演的是什么角色。"他说，"也就是说，如果你非常聪明，玩牌也能玩得更好。"在《布赞的天才之书》（*Buzan's Book of Genius*）中，这位"天才大师"对他心目中有史以来最伟大的100位天才进行了评价，结果发现博学与天才之间存在惊人的联系。排名前20位的天才在博学方面的得分都在 90 分以上；而且，在博学分数在 90 分以上的人中，大多数人的智商得分也在 90 分以上。我们不太清楚他的具体计算方法，但最重要的结论是，二者之间存在很强的相关性。

不过，就像好奇心一样，智力既可以促进博学也可以阻碍博学，这取决于它是向垂直方向还是向水平方向发展。例如，如果更高的智力被用于推理和解构，而不是探索和连接，那么就有可能将某人禁锢在一个特定的领域。在当今社会，这种方向是最受鼓励的。智力对追求真理和捍卫谬误同样有效，对开拓思想和故步自封同样有效。虽然智力的自然倾向是跨领域的——我们知道这一点，因为只要允许，像西迪斯这样的神童总是在多个领域展现出才华——但是在当前的教育和职业体系中，这是不被鼓励的。

一般智力和多元智力

人类的智力是多方面和多维度的——它有许多形式。

——肯·罗宾逊

安娜·玛丽亚·范·舒尔曼（Anna Maria van Schurman）聪慧过人。在 18 世纪的荷兰，作为一个男权世界中的女性，她写出了不朽的著作《基督徒妇女是否应该接受教育及其他》（*Whether a Christian Woman Should Be Educated and Other*

Writings from Her Intellectual Circle），成为她那个时代最重要的女权主义知识分子之一。

她毕业于乌特勒支大学，获得了法律学位（她是全校唯一的女生，戴面纱听课）。作为一名神学家，她著述颇丰，包括《生命的终结》（*De vitae humanae termino*），这本书阐述了人类临终时上帝和医生各自的角色；她还是当时新兴的拉巴迪新教徒（Labadie Protestant）运动的重要成员和作家。

舒尔曼还是一位多才多艺的艺术家——雕刻师、玻璃工匠、雕塑家（蜡、木头和象牙制品）、肖像画家和书法家，她的许多作品留存至今。她是语言天才，精通14种语言，包括拉丁语、希腊语、希伯来语、阿拉伯语、叙利亚语、阿拉姆语（又译为"阿拉米语"）和埃塞俄比亚语。她用许多语言写诗，她编撰的《希伯来语、希腊语、拉丁语、法语散文和诗歌小品集》（*Opuscula hebraea, graeca, latina, gallica, prosaica et metrica*）被当时的学者广泛阅读。

舒尔曼显然是一位多才多艺的女性。但这是因为她的一般智力高于常人，还是因为她仅在那些她擅长的领域拥有特殊的智力呢？智力是所有领域（或认知任务）通用的，还是存在多种类型，每一种都代表一种特定的认知能力？这个问题已经困扰了心理学家几十年。

一般智力理论（theory of general intelligence）最早出现在20世纪初，是由英国心理学家查尔斯·斯皮尔曼（Charles

Spearman）提出的。斯皮尔曼在研究中指出，儿童在看似互不相关的科目上的成绩正相关。他推断，这种相关性反映了一种潜在的一般认知能力的影响，这种认知能力会体现在所有的智力测验中。他由此得出结论，所有的认知表现都取决于单一（核心）的一般智力因素（G因素）和许多与完成特定任务相关的特殊智力因素（S因素）。

这一理论后来发展为一个代表认知能力的三层模型：底层是大量的特殊因素，中层是一系列相对广义的因素，顶层是单一的G因素，代表所有认知任务的方差。如果这个理论是正确的，就意味着博学家的一般智力超乎常人，这使他们成为多才多艺的人，在不同的领域（理论上是所有的领域）有突出的表现，即使这些领域需要的是不同的认知能力。此外，多样性本身能够提高一个人的一般智力。例如，多伦多大学（University of Toronto）最近的一项研究显示，在学习打鼓之后，六岁儿童的智商测试成绩有了显著的提高。

霍华德·加德纳（Howard Gardner）在20世纪80年代率先提出了多元智力理论（theory of multiple intelligences，又译为多元智能理论），颠覆了以前关于智力的观点。加德纳认为，不存在一种包罗万象的一般智力。实际上，智力有许多不同的类型，每个人都在不同程度上拥有这些智力。他认识到智力可以有许多形式，而不仅仅表现为传统的智商。他认为一个人的各种能力都应该得到承认和褒奖。

他提出的多元智力包括音乐—节奏、视觉—空间、文字—语言、逻辑—数学、身体—运动。举例来说,如果一个人拥有很高的视觉、音乐、数学和运动智力,那么他在音乐、艺术、数学和体育方面就有优势——无论是同时还是先后。加德纳认为:"博学家完美符合多元智力理论。有些人在多个领域拥有天赋,其他人就没这么幸运了。"

无论多元智力是否存在,关键在于,智力应该以不同的形式应用于不同的学科。正如肯·罗宾逊所说的:"比起许多文化观念告诉我们的,智力要丰富、多样、微妙和有趣得多。"

批判性思维和常识

伊朗的伊斯兰什叶派大阿亚图拉(Grand Ayatollah)[①]穆罕默德·侯赛尼·设拉子(Muhammad al-Husaini Al Shirazi)是20世纪最高产的作家之一(出版过1 200多部作品),在法律、经济学、神学、社会学、历史、哲学和政治领域做出了巨大的贡献。在信息时代,这样的成就或许还能够想象,但设拉子生活在互联网诞生之前。没有电脑和手机,他是如何精通如此广泛的领域的呢?

设拉子非凡的批判性思维能力取代了深入了解每一门学科的需要。批判性思维系统地使用智力和理性,来质疑假设和发现真理。它用逻辑和证据来检验已经存在的事实。像好奇心

---

① 什叶派宗教学者等级。——译者注

和创造力一样,批判性思维也是一种普遍适用于所有学科的特质。伊曼努尔·康德(Immanuel Kant)认为,理性作为一种超越学科划分的终极价值观,应该"自由地评价一切"。

在康德之前的两千年,亚里士多德就曾经指出,批判性思维是博学家最有力的特质。他强调任意给定的研究领域,都包含两种不同类型的技能:一种是"对问题的科学认识",另一种是"对问题的教育过程"。前者显而易见,需要的是好奇心和获取知识;后者指的是"对教师讲解方法的好坏一下子就能给出公允的评判"的能力,或者一种可以适用于所有领域的常识。

这种常识是批判性思维的本质。但是,如果不能按照亚里士多德所设想的方法来使用,批判性思维也有可能导致还原论和专业化的固化。因此,他总结说,我们需要"在一切或几乎一切知识方面均能独自保持批判态度"的"博学之士"。他指的是那些对多个领域都有深刻理解的通才,他们依靠的是普遍适用的批判性思维,而不是深厚的知识。当然,亚里士多德本人就是这类人的代表。

无论采用哪种方法,真正具有批判精神的人——就像亚里士多德所说的"博学之士"——几乎能够适应任何领域。齐亚丁·萨达尔(Ziauddin Sardar)是批判性思维的拥护者,也是创作题材广泛的作家。他说,这种方法可以让任何一个聪明人进入所谓"专家"的领域:

一旦去掉那些专门用来迷惑外行人的行话和术语，人们就能找到一种方法论和思维过程，任何决心要理解它的人都能掌握。在这方面，真正的知识分子是博学家：他的基本工具就是敏锐的头脑，以及可以揭示任何学科主题和人类知识组成部分的跨学科方法。

博学家不会把所谓"专家"说的话当成理所当然。他们可能没有某一特定领域的专业知识，但是他们能够充分利用自己在该领域拥有的有限的经验和知识，运用智力和批判性思维能力来增进他们对该领域的理解。此外，他们认识到，要获得客观经验，多视角（或多领域）的调查是最明智、最符合逻辑的途径。

社交能力和情商

别将才智深藏不露，它们之所以有，是因为有用。日晷放在暗处还有何用？

——本杰明·富兰克林

人工智能很快就将通过图灵测试，之后它可能在建立常识方面胜过人类。但是（至少到目前为止）人类智能的某些方面还是难以模仿的。

社交能力是有效驾驭和协调复杂社会关系和环境的能力。情商是认识、控制和表达自己情绪的能力，以及明智而审慎地、富于同情心地处理人际关系的能力。如果愿意，你可以说它们是不可编程的"独特卖点"，让人类这个物种在与计算机的竞争中获得优势。牛津大学的研究人员弗雷和奥斯本在《就业的未来》（The Future of Employment）一文中指出："社交能力和情商不能被自动化，运动能力却可以。"对博学家来说，重要的是，这些能力可以（至少应该）被应用于多个领域。

多才多艺

> 一个人之所以多才多艺，就是因为拒绝限制自己的兴趣。
> ——雷蒙德·塔利斯（Raymond Tallis）

美国的"百万美元宝贝"朱莉·克罗克特曾经是一个战无不胜的职业拳击手、剧作家和戏剧导演、受命教长、创下唱片销售纪录的乐队主唱/词曲作者、哲学博士和跨国公司高管。巴基斯坦裔苏格兰人阿奇姆·易卜拉欣（Azeem Ibrahim）曾经在英国部队服役，后来成为进入苏格兰富豪排行榜的金融企业家，也是哈佛大学的政治科学学者、巴基斯坦政府的教育顾问、一个神学智库的创始人，以及众多人道主义活动的赞助人。克罗克特和易卜拉欣之所以能够在如此截然不同的领域脱颖而出，是因为与其他人才相比，他们拥有一种非同寻常的核心特质：多才多艺。

第 5 章　思想变革

好奇心和智力是博学家的重要特征，但这两者既有可能朝水平方向（广泛探询）发展，也有可能朝垂直方向（专业化）发展。当今高度专业化的社会显然鼓励后者，不过，对于有理想的博学家来说，多才多艺是追求自我发展的必备工具。

多才多艺是博学头脑的基本特征或核心能力——这是博学家与其他类型的天才的区别所在。多才多艺并不总是博学的同义词，但是与创造力、一般智力和批判性思维等属性不同，它是博学的基本前提和必要组成部分。"多才多艺"（versātilis）这个词来自拉丁语，字面意思是"容易改变"，在英语中的定义是"能够胜任任何事"或"具有多种用途或功能"。简言之，就是在各种看似互不相关的领域之间无缝切换的能力。

今天，最经常提到多才多艺的是音乐、电影和体育领域；不过当然，多才多艺在人类生活的所有领域都有所体现。多才多艺是人类与生俱来的特性，可以追溯到我们（普遍认为的）共同的祖先。20 世纪 50 年代的卷尾猴伊莫（Imo）发明了清洗番薯和分拣谷物的方法，向灵长类动物学家证明了猿类具有多种不同的认知能力，而且能够在各种能力之间有效地转换。

多面人生

人类是一种千姿百态、变幻莫测的生物。

——美索不达米亚谚语（出自《论人的尊严》）

潜　能

郑曼青是 20 世纪向西方介绍中国文化的重要人物。因为在武术、医学、绘画、诗歌和书法方面的深厚造诣，他被称为"五绝大师"。他最初是一位独立执业的名医，精通传统中药和西方药理学，后来成为蒋介石在台湾的私人医生。

后来，他被称为"郑教授"。他擅长多种艺术形式，特别是中国古代传统的绘画、诗歌和书法这"三绝"。他 18 岁时发表了第一首诗作，19 岁时在郁文大学讲授诗学。他起初靠绘画谋生，后来在当时的大师门下学习，被任命为上海美术专科学校领导，教授绘画和书法（他的学生包括蒋介石之妻）。他的作品在巴黎、纽约和中国各地展出。他还是中国文艺学院的创始人之一。

他在西方最著名的活动是推广太极拳。太极拳是中国传统武术，以强身健体、颐养性情著称。他学拳、练拳、教拳，并撰写了相关著作，开创了流行的（郑子）杨氏太极拳流派。他还是一位神秘主义者和哲学家，他对《道德经》、《易经》和《论语》等中国古代典籍的评论被编纂成哲学论文集《人文浅说》(*Essays on Man and Culture*)。

郑曼青无疑是一位多才多艺的大师，这些活动差不多都是同时进行的。这种能力今天已经成为一种时髦的竞争力，让世界上许多雇主趋之若鹜；获得这种能力需要特定的心态。无论是有意为之还是顺其自然，一个人都必须对持续的变化保持开放的态度——有时候甚至要渴望变化。更重要的是，要从根本

第 5 章 思想变革

上接受变化是不可避免的,这与佛教的"无常"观类似;这种观点将世间万物视为一个动态系统的组成部分,在这个系统中,一切都是短暂易逝的。

当然,变化不是一个形而上的概念,而是一个物理现实。每四个月,你的红细胞就会被完全替换,皮肤细胞每隔几周替换一次。大约七年内,你体内的每一个原子都会被其他原子取代。就身体而言,你一直在不断地变成一个全新的你。如果把变化视为生命的现实,接受并拥抱它,一个人就能更轻松地在不同的领域和阶段之间转移或切换。

变化带来多样性。博学艺术家顽童比利说:"如果你不追求专业化,你的思想会拥有更多的自由……不给自己设定限制,意味着你可以行动自如。"他和许多人一样,需要持续不断的刺激。有时候,一个人只有在经历过多种生活之后才能找到价值和满足感,虽然会(有意识地或下意识地)认为这些生活完全是彼此独立的。只有在各种各样的生活中扮演过不同的角色(无论是同时还是先后)、将梦想付诸实践之后,个人才能获得满足。不需要专门制定跨学科的计划,也不需要刻意在不同领域之间建立联系,每一种独立的生活都有其价值。"博学家知道,你不能用一把伞遮住一切。"加亚特里·斯皮瓦克说,"你必须全面兼顾;就像魔术,像舞蹈,像一场冒险。"

克罗克特和易卜拉欣每天都在不同的项目之间高效地切换,有时候每个小时都会切换。事实证明,在不同的世界之间不断切换，不仅是一种有益身心的生活方式，而且有心理恢复的效果。例如，有些人将这种生活方式的转换作为一种替代疗法。有人问蒂姆·费里斯（Tim Ferriss），他什么时候才会从没完没了的待办事项中喘口气。他回答说："我在转移焦点时能够得到最好的恢复，所以，我会投入一些与之前所从事的完全不相关的事务，而不是什么都不做。"这和循环训练背后的理念是一样的——在一个小时不间断的全身锻炼过程中，允许身体的不同部位短暂地休息，同时其他部位还在工作。俗话说得好："换个环境就等于休息。"

这种"逃离"一种生活、进入另一种生活的预期，虽然只是暂时的或间歇的，却能够让人产生焕然一新的感觉，往往也能够提高整体的满意度和生产力。收益递减是单一专业化生活中最大的问题，从这个角度看，在多种生活之间切换或许可以解决这个难题。对此，大卫·伊斯特本（David Eastburn）在美国哲学学会的演讲中做了解释："当你致力于某一项活动时，增加的满足感最终会递减；直到达到某个临界点，你能够从做别的事情中获得更多的满足感。"作为一名经济学家，他指出边际效用和高原效应不仅适用于经济体和组织，也适用于个人。

伊斯特本指出："诀窍在于通过各种活动的组合来使整体满意度最大化。"这就是为什么蒂姆·费里斯说，有些人会"专注于一件事情，直到达到收益迅速递减的程度，但不会超过这个程度"。他认为："系统学习日语两年的通才与潜心学习日语十年的专家之间的理解差异可能只有5%，那些声称某些东西'需要一辈子才能学会'的人往往缺乏紧迫感。"这就是通常所说的80/20原则。

阿塞拜疆博学家哈姆雷特·伊萨赞里认为，在想做的事和不得不做的事之间切换有益心理健康："经常性地从事一些其他活动，有可能激发一个人内心深处的欲望，并有助于把它变成现实。"因此，在互不相关的任务之间切换可以预防一成不变带来的收益递减。人们要么从其他领域或其他任务中获得洞察力，要么从一个从未涉足过的领域中获得新鲜感，使原创性得以源源不断地注入。再用一个健身训练的类比——在跑步或俯卧撑这类循环渐进的项目达到一定程度后，为了克服障碍、提高成绩，就需要用完全不同的项目来刺激身体。许多作家也用这种方法来克服写作中的障碍。

这种多任务处理能力使得多才多艺的个人能够时刻保持最佳状态，在整体上有更卓越的表现。卡斯商学院[①]（Cass Business School）在《哈佛商业评论》（*Harvard Business Review*）上发表了一项最新研究，发现"多任务模式经理人"是更优秀的信息分析师和更高效的决策者，比他们的同事有更好的财务表现。在被问及为什么要进行多任务处理时，一位经理人解释说："我们喜欢多样性；为了不断切换，在处理每一件事情时都要更加集中精力。"

---

① 现已更名为贝叶斯商学院。——译者注

潜 能

TED大会的主管克里斯·安德森（Chris Anderson）认同切换是一种重要的思维方法。他在自己的TED演讲中谈到了什么才是最有效的思维方式，解释了通过多样化来刷新大脑、扩展思路的重要性。事实上，他将TED的成功归功于以下特点：

> 你应该在不同的主题之间切换，不要让太多声音进入大脑的同一个区域。试着将大脑想象成一块肌肉，如果你过于依赖分析或者过于依赖灵感，大脑的那个部分就会不堪重负……TED之所以成功就是因为兼收并蓄，有音乐、有视觉、有灵感、有分析，等等。这能使大脑保持开放……

作为一位享誉世界的天才武术家和演员，李小龙32岁竟英年早逝。他不仅是一位武术家和演员，还是一位深刻的思想家和诗人。他的多元化哲学正是功夫的精髓。他说："你必须像水一样，没有固定的形状。将水倒入杯子，它就变成杯子的形状；装入瓶子，它就变成瓶子的形状；倒入茶壶，它就变成茶壶的形状。水可以静静滴落，也可以猛烈冲击……像水一样吧，我的朋友。"或许正是由于这个原因，他能够用双节棍做球拍，跟一个中国乒乓球冠军打球。

从哲学角度，随着每一次切换，博学家都在不同的认知和存在形式之间经历某种认识论上的转换。从科学角度，这可以通过认知和神经过程来解释。

认知转换和神经可塑性

18世纪，詹姆斯·库克（James Cook，著名的库克船长）受英国皇家学会的委托，首次远航至南太平洋。他的团队名义上的任务是观察金星凌日现象，不过当然，背后的目的是殖民：寻找传说中的南方大陆，对其宣示主权。库克发现，波利尼西亚人（Polynesians）是有史以来南太平洋上最好的导航员。他招募了一位当地的博学家，在航海、气象、语言、文化、制图和天文学等各个方面协助他。

图帕亚（Tupaia）是一位塔希提语言学家、演说家、祭司和政治家，他以前没有写作和制图的知识，最终却绘制出一幅太平洋地图，包含波利尼西亚的所有主要岛屿，从马克萨斯群岛（Marquesas）到罗图马（Rotuma）和斐济（Fiji），绵延4 000多公里。他是船上的翻译，能够与毛利人、爪哇人和塔希提人交流。他还是一位才华横溢的艺术家，为他所描述的一切绘制了生动的图画。作为南太平洋民族和文化的重要信息来源，他被他的传记作者称为"太平洋上的第一位人类学家"。

图帕亚显然在"代码转换"方面拥有非凡的天赋，能够在不同类型的知识、技能和环境之间高效切换。这种认知能力通常与语言学家相关，他们要在不同的语言之间频繁转换；与演员相关，他们要进入不同的角色；与那些有着多重社会和文化身份的人相关，他们必须根据场合和沟通对象调整思维模式。

潜　能

在电脑上的多个应用程序窗口、浏览器标签页和多个文档之间切换的行为，就是这种概念的缩影。到了 21 世纪，增强现实或许是一个更好的比喻。

许多传统的冥想方式鼓励认知转换，把它当成一条必由之路；心理学家和神经科学家对这个过程进行了越来越多的研究，以便更好地理解大脑在互不相关的任务之间切换的能力。这是大脑执行功能的一个组成部分：当一个人在多个互不相关的任务之间切换时，包括前额叶皮质、基底神经节、前扣带回皮质和后顶皮质在内的大脑特定区域就会被激活。这些区域共同负责博学的能力，包括从一种情况和认知能力自由地切换到另一种，以及通过灵活有效的重新聚焦，对变化的情况做出适当的反应。

我们大脑有能够处理持续变化的生物学特性。我们的神经元和突触就处于持续变化的状态之中——连接是动态的，大小、强度和位置不断变化，时而成形，时而分解。这个过程称为神经可塑性，是指我们的神经元和神经网络改变它们的连接和行为，以应对新的信息、感官刺激、发育、损伤或功能障碍。发生重大变化时，大脑细胞和神经网络就会快速变化和重组。

当我们获得新的经验时，经常使用的突触（一种允许一个神经元向另一个神经元传递电信号或化学信号的结构）会强化，而未使用的突触会弱化。最终，未使用的突触会在突触修剪过程中被完全清除，留下高效的神经网络。这个过程在儿童发育和身体受伤期间最为活跃，但是在我们的整个生命过程中，这都是一种接受新信息和适应新环境的反应机制。因此，神经学家大卫·伊格曼提醒我们，改变对我们来说并不困难，它就在我们的大脑中自动、持续地发生着：

> 你的大脑是一个持续的变形者，不断地重新形成自己的回路，因为你的经历是独一无二的，所以神经网络中的解码模式也是独一无二的。它们持续地改变着你的整个人生，因此，你的身份是一个可移动的目标，永远不会到达终点……我们不是固定不变的。从摇篮到坟墓，我们一直在进步。

正如牛津大学的神经科学家安德斯·桑德伯格所说的，即便是最固执的人，大脑额叶也允许他们改变主意……"关于人类最不可思议的一件事是，一句话就可以改变他们的人生……猫可不行！"

科学作家列纳德·蒙洛迪诺（Leonardo Mlodinow）在他的近作《弹性》（*Elastic*）中说，21世纪，生活的方方面面正在加速变化，富于多样性、适应性、开放性和韧性的思维方法——也就是"弹性思维"——将帮助我们在这样的时代繁荣发展。

多面性

我们应该每天听一首歌、读一首诗、看一幅好画；可能的

潜 能

话，再说几句在理的话。

——约翰·沃尔夫冈·冯·歌德

马特拉齐·纳苏赫（Matrakci Nasuh）16世纪加入奥斯曼帝国海军，很快因为剑术精湛而受到重用。他后来成为奥斯曼帝国最著名的战士之一，同时也是武器教练、铸剑师、格斗术作家和一种称为"马特拉克"（matrak，他的名字就由此而来）的武术的创始人。

但武术只是他多面人生中的一面。首先，纳苏赫是一个数学家，他在几何学方面的著作得到苏丹塞利姆的高度赞扬；他还发明了乘法的算法，此前这被认为是文艺复兴时期欧洲学者的独创。而且，纳苏赫还是一位著名的细密画画家，用独特的"马特拉齐风格"详细描绘了城市景观和史诗般的战斗场景，他的作品至今仍在土耳其的著名画廊和博物馆中展出。

纳苏赫也证明了自己是同时代最杰出的历史学家之一。他的《历史大成》（*Mecmaü't-Tevârih*）和《苏莱曼纪》（*Süleymannâme*）等杰作涵盖了1520—1543年的历史，还创作了记录苏莱曼的伊朗之战的专著《远征摩尔达维亚》（*Fetihnamei Karabuğdan*）。作为士兵、武术家、通晓多种语言的人、画家、数学家和历史学家，他展现了多方面的智力、体力和创造力。

像历史上的许多博学家一样，纳苏赫是受到信赖的廷臣，在苏丹的宫廷中展现出全面的才华。但是，多才多艺不应该只体现在职业和智力方面,而应该体现在整个生活中。实际上,很多因素都有助于个人的全面发展:旅行过的地方、接触到的语言和文化、经历过的时刻、拥有的关系、感受到的情感、进行过的对话、有过的想法、阅读过的书和文章、获得的资格认证、做出的贡献,等等。这使得真正的博学性成为一个复杂而深刻的概念,几乎不可能衡量。

大多数人,甚至所有人都是多面的。各个方面的差异有多大,以及每个方面在多大程度上得到发展,决定了一个人博学的性质和水平。例如,印度传统哲学提出了追求自我实现的四种方法:知识(智瑜伽)、工作(业瑜伽)、爱(信瑜伽)和身心锻炼(王瑜伽)。在现代生活中,个体的多面性可以有多种表现形式,包括个性、行为、道德、职业、业余兴趣、个人生活、生活经历、文化观和语言背景,等等。例如,每个人都想成为一个好的配偶、子女、家长、兄弟姐妹或爱人,理所当然地想要扮演好所有这些角色——但是实际上,在博学的等式中,这些角色应该被分解为不同的因数,因为它们所属的领域和追求的成就是大相径庭的。

任何人都可以通过自己的方式将多面性付诸实践:体能——无论是通过运动、健身、食物还是性;智力——无论是通过正规教育、自学还是严肃的思考;灵性——无论是通过崇拜、神秘主义还是冥想,是受到自然、艺术还是神明的启发;创造力——无论是绘制一幅杰作还是跟孩子玩游戏,无论是听音乐还是作曲；情感——以各种方式向重要的人表达你的感受；实践——处理日常的健康、财务、物流、手工、社会关系和一般事务。在这个过程中，你很可能会发现隐藏的天赋，产生全新的热情。

无论人们如何将这些方面分门别类，重要的是承认它们的存在，允许它们充分发展，以帮助个人形成完整的人格，获得全面的生活经验。对于个人来说，多面的人生能够超越各个部分的总和，使一个人更有可能成为博学家。如果经验多元化恰好是这个人的追求，这种可能性就更大了。

经验多元化

英国播音员帕特里克·摩尔（Patrick Moore）被称为"连环业余爱好者"——他是一位天文学家、国际象棋棋手、板球运动员、高尔夫球手、军人、演员和小说家。在这些活动中，他都算不上公认的世界级专家，也没有做出什么重大的贡献。但是他的生活极其丰富多彩，使他得以通过体育、军事、艺术、科学和文学进入不同的认知和存在领域，对世界形成独特而全面的认识。类似地，美国作家乔治·普林顿（George Plimpton）是一个狂热的观鸟者、烟花爱好者、演员、记者、文学评论家和多项体育运动的业余选手。他记录了自己参加职业比赛的经历，包括橄榄球、冰球、棒球、网球、拳击，甚至还有桥牌和高空杂技表演。

第 5 章 思想变革

摩尔和普林顿这样的人不仅是"万事通",而且是"多样化的大师"。博而不精无损于一个人博学的程度。每一次经历,尤其是在一个完全陌生的领域的经历,无论多么短暂,都能使人在个人、职业、智力、身体和精神方面得到全面的发展。

因为跳伞只持续几分钟,而且你也不太可能将其作为职业,所以就不应该去尝试吗?因为你又不打算读博士或者自己写书,所以就不应该阅读一本关于文化史的书吗?大多数人都会给出否定的答案;因为在他们的生活中,每一次学习经验都是有价值的,或多或少都对他们个人或社会有益。简言之,多样化的经历不仅会使你的生活多姿多彩,而且会以只有事后才会知道的方式丰富你的生活。

尤其是在与自己有关的事情上,开放的心态能够自然而然地带来经验的多元化。朱莉·克罗克特是运动员、剧作家、音乐家和学者。她意识到:"我尽量不给自己贴上标签,那会限制我的自我认知。你必须不怕把某件事情搞砸,才能成为行家里手。如果你提前给自己设定限制,只去做那些你觉得'安全'的事,或者自己擅长的事,那么你能做的事情是非常有限的。如果你什么都愿意试一试,并且能够接受在某些事情上表现平平,那么你能做的事情就多了。"生活方式体验家 A.J. 雅各布斯的生活就是一系列各种各样的实验。他认为:"你永远都应该愿意冒险,否则你的生活将非常无聊。"

此外,多样性在个人的自我实现方面发挥着重要作用。一个人的知识和经验越丰富，他就越有可能做出明智的决定，提出创造性的解决方案。由此，万事通就变成了洞察世事的智者。知识、技能和经验的多样性能够赋予一个人对各个领域，尤其是核心领域的独到见解。天才的灵光一现来自他现有的思想、记忆和认知能力的潜意识融合。

这种经验可能以工作、爱好或偶然的形式出现。例如，爱好不仅是消遣，而且对智力的形成有着重要影响。如果把你自己比作一幅拼图，爱好就是其中不可或缺的一部分。大多数情况下，它们对你的生活有所助益，有时候连你自己都没有意识到。我们从诺贝尔自然科学奖获得者，以及来自不同领域的商业领袖、政治家和哲学家身上看到了这一点。他们当中许多人承认，"外围"活动和以前的职业对他们取得突破性进展有很大的影响。

虽然高度专业化的文化仍然占据主导地位，但是今天崭露头角的博学家会发现，自己身处一个令人兴奋的竞技场。现代社会提供了丰富的体验机会：旅行更加便捷，书籍更加便宜，你可以与各种各样的人就各种各样的事情进行交流，随时随地学习新技能。最重要的是，它使人们认识到世界是相互联系的：经济如何交互，特定的文化和哲学如何进入地方政治，艺术如何在相互联系的大陆发展，道德如何在不同的社会中产生，自然如何成为它现在的样子，体育和商业如何满足我们的部落本能，技术如何为我们提供助力又如何让我们落入陷阱。

它让我们更好地理解：不同形式的政府如何运作，贫富差距如何扩大，不同的种族和语言如何来自共同的祖先，英语为什么能够从一种欧洲西北部的部落方言发展为超过十亿人使用的官方语言。简言之，它鼓励我们过更有意义的生活。

一般而言，多元化的经验能使生活更丰富、更有趣。不过除此以外，它对于我们了解自己和了解世界同样重要。这是内省旅程中非常重要的一部分。

即使对那些渴望专业化的人来说，在多样化的经历上投入足够的时间，也能帮助他们更清楚地识别关注点。畅销书《如何在自己感兴趣的领域出类拔萃》(*Mastery*)的作者罗伯特·格林（Robert Greene）说："不要以为你过去做过的任何事情是浪费时间。"这本书对历史上许多大师的共同特征进行了研究。"即便是最卑微的工作也能教给你某些经验和技能，供你日后加以组合和利用。"事实上，历史上有一些社会承认专家也需要多样性：11世纪安达卢西亚的宣礼员（muezzin）必须精通天文学、语言学、哲学、音乐和许多其他学科，然后才有可能成为大清真寺的宣礼员（这个职位被认为是极度专业化的）。

每个人都通过梦境或其他潜意识有过超现实体验，这证明了想象力和创造力是人类与生俱来的能力。思想、经验和创意等不同元素的随机融合，能够创造出一个新的现实。这就是艺术。有些人认为这是灵性的来源（或产物）。

思想－行动

没有行动的知识是愚钝，没有知识的行动是徒劳。

——安萨里

经验能够提高智力，反之亦然。什里坎特·吉奇卡尔（Shrikant Jichkar）25 岁就成为印度最年轻的国会议员，之后担任过多个政府部门的部长，并在财政、灌溉、税收、交通、电力、专利和规划等委员会任职。作为一个行动派，他还成立了业余无线电协会，为印度各地受洪水影响的灾民进行有效的灾害管理，并成为印度最杰出的神父之一。

吉奇卡尔在职业生涯中同时获得了巨大的学术成就。1972—1990 年间，他每年冬天和夏天都参加不同的学位资格考试（共 42 次）。他最终获得了 20 个硕博学位，包括 MBBS（医学）、LLM（法学）、MBA（工商管理）、公共管理、社会学、历史、哲学、英国文学、政治学、考古学、心理学硕士学位，以及梵语方向的文学博士学位——最终成为现代历史上拥有学位最多的人。毫不奇怪的是，他还拥有印度最大的个人图书馆之一，藏书超过 52 000 册。

吉奇卡尔是一个实干家，始终如一地将思考贯穿于他的行动之中。而路德维希·维特根斯坦则采取了相反的方式：他是一位思想家，努力将实际行动融入自己的思考之中。他最初是一位航空工程师，但很快就将注意力转向了数学，尤其是数学哲学。他在剑桥大学师从伯特兰·罗素，这位年轻哲学家的天才给罗素留下了深刻的印象。他的主要学术贡献体现在数学哲学、语言哲学，以及逻辑和心理学领域。虽然他发表的作品不像同行那样多，但是仍然被视为20世纪最有影响力的哲学家之一。

他认为，哲学不是一种理论，而是一种活动，为此，他经常感到必须从学术世界撤回到现实世界。第一次世界大战期间，他在奥地利军队中担任军官，多次因为英勇作战获得勋章；第二次世界大战期间，他在伦敦的一家医院当勤务兵，以满足他对社会工作和体力劳动的渴望。他还当过老师和园丁。此外，他在摄影（他的摄影作品在伦敦经济学院和剑桥大学展出）和建筑（亲自设计并建造了自己的房子）方面也颇有建树，强调视觉和美学对于哲学的重要性。

如今，思想家和实干家是割裂的——人们认为领袖没有时间去沉思，而知识分子没有领袖的实用主义。但是，与丘吉尔、史末资（Smuts）和罗斯福一样，历史上一些最具影响力的领袖都是从事领导工作的学者和政治家，同时也是博学的知识分子。

在罗马帝国鼎盛时期，博学家在社会中发挥着积极的作用，同时为学术做出了宝贵的贡献。研究思想史的历史学家彼得·沃森（Peter Watson）说，他们对实用主义很感兴趣——也就是思想的用途，以及思想能够给事物带来的力量。他们是实用的哲学家——既是科学、人文和艺术方面的学者，也担任公职，作为军人、法学家、行政长官、图书管理员和政治家为社会做出贡献。他们的哲学研究支持着他们的职业生涯，反之亦然。马库斯·图利乌斯·西塞罗（Marcus Tullius Cicero）不仅是政治家、律师和演说家，还是语言、哲学和政治科学方面的学者。老普林尼（Pliny the Elder）不仅是韦斯巴芗（Vespasian）统治时期重要的政治家和军事领袖，也是《自然史》（*Naturalis Historia*）的作者，这本书是罗马时代留存至今的最全面的百科全书之一；他在历史和语法方面也做出了重要的贡献。

这种类型的博学家或许是对社会最有价值的，因为他们充分利用各种知识来源，展示了知识和经验的多样性。然而，一些社会一直致力于区分思想家和实干家，往往以牺牲一方的代价来鼓励另一方。英国工业革命就是一个生动的例子，当时资产阶级知识分子和工人阶级劳动者之间存在巨大的鸿沟。英国博学家约翰·罗斯金曾经对此发表过评论：

> 我们希望一个人总是在思考，而另一个人总是在工作；我们把前一种人称为绅士，把后一种人称为工匠。然而，劳动者应该经常思考，思想者也应该经常工作，本质上二者都应该是绅士。如果我们让这对兄弟一个盛气凌人，一个心怀嫉妒，二者就都不是什么

第 5 章　思想变革

绅士了，整个社会也会充满病态的思想家和悲惨的工人。如今，只有靠劳动才能使思想健康，只有靠思想才能使劳动快乐，把两者分开一定会遭到惩罚。

在这方面，世界没怎么改变。社会仍然喜欢将思想家和实干家区分开来，以至于人们很自然地分成两类。你可曾见过一个消防员同时也是艺术史学家和神学家，还会修理汽车？有多少知识分子依赖企业和政府来实现他们的想法？又有多少商人和政治家依赖知识分子为他们出谋划策，并为他们代笔写书？

思想家和实干家必须处于平等的地位，因为商人、音乐家和工匠，与诗人、哲学家和历史学家同样受到高度重视的时代，也正是社会最活跃、最具创造力和最博学的时代。每个人都应该认识到，对于个人和社会的发展，思想和行动具有同样重要的价值；要在任何行业取得成功，二者缺一不可，只是程度不同而已。

中国哲学家也是博学家朱熹强调，知识和行动都是真正的智慧不可分割的组成部分。他说："知行常相须，如目无足不行，足无目不见。"有些人在人生的某个阶段会更加深思熟虑，而在另一个阶段更加倾向于采取直接的行动。我们每个人都拥有思考和行动的内在能力，只不过，倾向于哪边可能因环境和社会的影响而改变。

- 191 -

时间管理

生命充实，才算是长。

——列奥纳多·达·芬奇

生命并不短暂。印度知识分子库什万特·辛格（Khushwant Singh）活了将近 100 岁。他一生充满活力，先后当过律师、外交官、历史学家、政治家、小说家和记者。辛格的一生很长，而根据医生和超人类主义者特里·格罗斯曼（Terry Grossman）的预测，生物技术的迅速发展将在未来几十年里大大延缓人类衰老的进程。

即使在今天，地球上生活条件良好的健康人的平均寿命也有 75 岁左右。其中大约有 45 个"可操作"年份（假设职业生涯从 20 岁持续到 65 岁），共计不到 40 万小时。其中三分之一的时间我们在睡觉，清醒的时间有 27 万小时。现代生物学家坚持，我们每天需要六到八小时的睡眠，但是世界上一些最有成就的人发誓他们不需要睡这么多。通过训练，我们的身体可以在睡眠时间更少的情况下有效运作。

但是，即使我们睡足八小时，根据马尔科姆·格拉德威尔（Malcolm Gladwell）倡导的"一万小时获得世界级成功"的理论，理论上我们仍然有足够的时间精通 27 个不同的领域。考虑到在现实中，大多数人喜欢把大量时间花在社交和家庭生活上，或许一个更现实的思路是，一万小时相当于 5 年的全职工作（每周 40 小时，乘以 50 周，乘以 5 年）。按照之前的退休年龄标准，一般人的整个职业生涯包含 8 个 5 年期。这意味着，从理论上讲，一个人可以先后在 8 个完全不同的领域拥有成功的职业生涯，甚至不需要同步进行。

生活方式教练蒂姆·费里斯在 35 岁之前就成为破纪录的探戈舞者、全国武术冠军、通晓多种语言的畅销书作家和成功的商人。他主张，只要方法得当，任何人都有可能一年之内在几乎任何领域达到世界级水平。他说，方法就是以个人化的方式对这种技能进行解构。事实上，乔希·考夫曼（Josh Kaufman）等人认为，花费 20 小时学习一项技能，就能达到不错的水平，因为这是学习曲线最陡峭的阶段。无论如何，我们从何塞·黎刹、鲁道夫·费雪（Rudolph Fisher）、切·格瓦拉和乔瓦尼·皮科·德拉·米兰多拉身上看到，一个人有可能在短暂的一生中在不同领域取得多项成就——他们都没有活到 40 岁。关键在于，如果管理得当，时间总是充裕的，任何为没有时间而找的借口都是站不住脚的。正如列奥纳多·达·芬奇所说的："对于善于使用它的人来说，时间总是足够的。"

创造力

如果用一个词来总结有创造力的人与其他人的区别，那就

潜 能

是"复杂性"。他们不是一个个体,而是一个群体。

——米哈里·契克森米哈赖(Mihaly Csikszentmihalyi)

    创造力一直是人类进步的支柱。因此,博学家对个人和社会的最大价值或许就在于,他们既是创造力的源头,也是创造力的产物。要理解这一点,我们必须首先破除一个错误的普遍假设,即创造力只与艺术有关(至少是在艺术中得到了最充分的体现);我们需要认识到,创造力是大多数人类活动不可或缺的组成部分。记者讲述了一个故事,商人通过谈判达成协议,士兵参与行动,工程师发明一种设备,律师打一场官司,出租车司机为回避交通拥堵规划路线,人道主义者做慈善,水管工疏通水槽——无论哪一种活动,人们每天都在用全新的方式创造新概念、建立新组织、创作艺术作品和探索问题解决方案。事实上,无论在宏观上还是在微观上,在学术上还是在实际生活中,每一种预料之外的方法和突破本质上都是创造性行为。

    大多数人,甚至所有人都拥有创造力,或者这方面的潜力。那些通常被我们称为艺术家的人只是创造力的"煽动者";想象力和创造力往往是留给读者、听众和观众的。加夫列尔·加西亚·马尔克斯(Gabriel Garcia Márquez)和瓦西里·康定斯基(Wassily Kandinsky)等作家和艺术家的工作就是激发想象力,就像他们运用自己的想象力来创作作品一样。因此,由于人类生活的多面性,大多数人一生之中都有可能在多个领域拥有创造力。除了少数公认的博学家之外，大多数人自己都认识不到这种博学的创造力，更不用说向别人展示了。

创造性的力量

如果你拥有创造性的头脑，那么你在几乎任何领域都能有自己的想法。

——爱德华·德·波诺

平贺源内出生在 9 世纪的日本，他对一切事物都有着无穷的创新欲望。他最初探索调制药草的新方法，凭借自己的创意天赋成为高松藩的药理学家。随后，他很快脱藩，成为浪人，因为他觉得还有更多的事情可以供他施展创造力。平贺源内从经济学开始。他撰写了有关贸易不平衡的文章，在日本开创了自给自足的移植产业，开发了生产羊毛的方法从而取代从西方进口羊毛，开发了生产陶器的方法从而取代从中国进口陶器，开发了种植橄榄树的方法以减少对荷兰橄榄油的依赖。

然后，他将创造力应用到商业和实业领域。他认识到日本在金属出口方面的实力，创办了许多企业，包括一家矿业公司、一家驳船服务公司和一家木炭批发公司。作为一名发明家，他发明了一种发电机，通过让一个绝缘的玻璃圆筒与箔片摩擦来产生静电。

然后,平贺源内决定通过艺术充分表达创造力。他学习从荷兰传来的西方油画技术,自己开发颜料和染料,创作了大量绘画作品,包括著名的《西洋妇人图》。他还当过美术老师。他最后尝试写小说,创作了若干长篇小说,包括被称为日本第一部科幻小说的《风流志道轩传》,以及著名的讽刺小说《放屁论》。

平贺源内向我们展示了无论是在商业、学术、艺术中还是在日常生活中,真正源自内心的创造力可以应用于各种领域。他既不是科学家,也不是艺术家;既不是作家,也不是发明家。他只是一个创造者。侯世达(Douglas Hofstadter)提醒我们:"大多数人更愿意把列奥纳多·达·芬奇称为一个在不同领域活动的创作者,而不是一个博学家。"博学家视自己为创造者,其内在的创造力就像一根能点燃好几根蜡烛的火柴。认知心理学家兰德·斯皮罗说:"在某一个领域具有创造力的人天生就是博学家。"博学艺术家顽童比利同意这个观点:"创造力是无限的,可以应用于任何事情,否则那就不是真正的创造力。如果你不能像做饭一样去画画,那么你可能就不应该选择画画这条路。"

学术研究已经一再证实了在博学家当中这种创造力的存在。1926年,心理学家凯瑟琳·考克斯(Catherine Cox)通过研究发现,一个人越有创造力,他的兴趣就越多样化。心理学家艾略特·多尔·哈钦森(Eliot Dole Hutchinson)强调,真正的创造性天才是没有边界的。她通过大量研究得出结论:"伟大的头脑中不存在职业,这不是偶然的……这些人不仅仅是科学家、艺术家、音乐家,他们同时还可以是别的什么。他们是创造者。"在今天的心理学家当中,博学性与创造力之间存在联系越来越成为普遍接受的真理。正如美国心理学家罗伯特·鲁特-伯恩斯坦指出的:"长期以来,心理学家一直观察到这样的现象,即与其他人相比,有创新精神的人愿意参与更广泛的活动,并在这些活动中掌握更高水平的技能。"

和智力一样,心理学家一直在争论创造力是"一般的"还是"特殊的"。支持前者的人认为,在所有领域,带来创造性表现的能力本质上是相同的,或者至少是非常相似的。这符合事实,即我们每个人都有内在的创造力。后者的主要倡导者是心理学家贝尔(Baer)和考夫曼(Kaufman)。他们认为特定领域的创造力所需要的认知能力是该领域特有的,不能适用于所有领域。不过,他们也得出结论,每个人本质上都拥有多重的创造潜能。

融合

多样性丰富了发现和发明的过程。

——科学家和诺贝尔奖得主弗雷泽·斯托达特(Fraser Stoddart)

融合是一切创造性产出的原因、过程和结果。从这个意义上说，一切都是融合的。从概念（包括哲学和科学）上讲，融合是两个或两个以上不同的、独特的实体相互交融，产生一个不同的、独特的新实体。后者在融合发生前并不存在，这证明它是被创造出来的，融合本身就是一个创造性的过程。例如，一项创造性的化学实验必须包含两种或两种以上的元素：对于单一的化学元素，你只能加热、冻结、融化，仅此而已。两种或两种以上的元素相结合，就能产生全新的化合物或元素。因此，融合是综合多种看似互不相关的现象产生的创造性结果。

这适用于物种、物质或思想。无论是原子、细胞、基因、思想、语言、设备、概念还是材料，从一开始就是一个不断演进的过程。"杂交"一词最初用于生物学领域，指的是动物或植物的"杂交受精"或"异体授粉"。从19世纪开始，这个词开始被语言学和种族理论采用，用来描述现有语言和种族融合产生的新语言和新种族。但是融合作为一种"交融"或"综合"的概念，在全世界的不同社会中始终以某种形式存在。

那么，融合的概念如何应用于博学呢？一些最伟大、最有影响力的人类思想本质上都是混合的。《改变世界的观念》（*Ideas That Changed the World*）一书的作者菲利普·费尔南多-阿梅斯托总结道，重要的思想来自不同领域的不同思想的持续综合："思想会'繁殖'，它们在相互接触中成倍增长。"这可以发生在一群人中，也可以发生在一个人身上。

今天，知识领域或学科的融合被称为跨学科。这是现代学术和职业圈子的大势所趋，至少人们口头上是这样说的。当旧的思维方式（或知识）变得陈旧、脱节、僵硬或排外时，它们就被重新组织成新的结构形式，形成一种更符合新形势的混合学科。无论是在一群人中，还是在一个人的头脑中，跨学科的目的都是以多维的方式来处理特定的问题，在这个过程中建立重要的联系，更深入地理解特定的现象。

联系

> 学问的一部分能给另一部分带来光明。
>
> ——艾萨克·巴罗（Isaac Barrow）

成功常常是从另一个领域借鉴经验的结果。无论是艺术还是科学，无论是学术还是实践，都是如此。阿尔伯特·爱因斯坦和查尔斯·达尔文都是无可争议的天才，但是我们现在发现，他们并不是我们通常认为的那种一心一意的专家。相反，事实证明（他们自己也承认），他们的爱好、多样化的环境和额外的追求，帮助他们在各自的核心学科上取得突破。路易斯·巴斯德（Louis Pasteur）之所以能够发现微生物，是因为他有晶体学的知识背景，这使他认识到需要显微镜才能看到微生物。心理学家罗伯特·鲁特-伯恩斯坦指出："博学家对他们的活动有足够深入的理解，能够感知到它们之间的基本联系。"

创新经常来自全新的视角或另一门学科。19世纪的英国著名科学家威廉·罗恩·哈密顿（William Rowan Hamilton）是一位物理学家、天文学家和数学家。他利用这些学科之间的相互联系，在每个学科上都有所建树。由于这种综合能力，他在代数、经典力学和光学方面取得了重大突破。他认为："博学家之所以能够对特定学科做出贡献，恰恰是因为他们拥有广泛的兴趣。"他确信，未来最伟大的综合性突破一定会归功于这些博学家。历史学家菲利普·费尔南多-阿梅斯托同意这种观点："一个领域中最优秀的思想家往往也精通其他领域，它们是相互促进的。"达·芬奇研究权威马丁·肯普也证明："你会发现博学家有一个共同特点，即在我们看到差别的地方，他们看到联系——在达·芬奇看来，万事万物都是相互联系的。"

无论我们声称自己多么专业，我们总是在有意识或无意识地借鉴其他领域的思想，以寻求创造性的、新颖的解决方案。比如：运用专业技能（无论是作为律师、医生还是作为木工）来赚钱，获得商业上的成功；作为军人为政府、学术界或日常生活出谋划策；将科学用于烹饪；用心理学来解释经济学；等等。拥有各种各样的技能、知识和经验，有助于培养大局观，反过来会促进创造性的突破。史蒂夫·乔布斯可能是21世纪最具影响力的创造者，他对此做出了精辟的解释：

> 所谓创造力，就是把事物联系在一起。当你问那些富有创造力的人他们是如何做到的，他们会感觉很

内疚,因为他们并没有真正创造什么,他们仅仅是观察到了一些事物。这些事物对他们而言是显而易见的。那是因为他们善于将已有的经验联系在一起并整合出新的东西。而他们能做到这一点的原因是他们拥有更多的经验,或者相比于其他人,他们对自己的经验有过更多的思考。遗憾的是,这实属罕见。在我们的行业中,很多人并没有丰富的经验。所以他们没有足够的点用来连接,他们对问题通常没有开阔的视野,只能用片面的解决方案草草了事。对人类经验的理解越开阔,我们的设计就会越好。

——史蒂夫·乔布斯,《连线》(*Wired*),

1995 年 2 月

综合似乎是在潜意识中发生的,在某种意义上是创造性的源泉。50 多年前,创意广告大师詹姆斯·韦伯·扬(James Webb Young)在著名的《创意的生成》(*A Technique for Producing New Ideas*)一书中认可了这种理念:"创意其实没什么深奥的,不过是旧元素的新组合……不同的思维方式将决定不同的创意能力。对某些人而言,每一个事实不过是孤立的知识碎片,而对另一些人而言,这些事实都是知识链条中的一环。"

在现代跨学科学者和知识分子、博学家瓦茨拉夫·斯米尔

潜　能

（Vaclav Smil）看来，这是毫无疑问的。他认为，"现实世界的复杂性要求用多种视角（包括历史评价的视角）对多种关联进行追踪"，尤其是对那些处于科学突破前沿的人。博学型科学家雷·库日韦尔将我们这个时代重大技术问题的解决方案归结于这种建立联系的能力："越来越多的问题解决方案出现在多个领域的交叉点上。例如，我在语音识别方面的工作涉及语音科学、语言学、数学建模、心理声学和计算机科学。"

　　心理学家早就认识到了这一点。刘易斯·特曼（Lewis Terman）发现，很少有人在一个领域取得卓越的成就，却没有在另外一个或多个领域表现出超过平均水平的能力。罗伯塔·米尔格拉姆（Roberta Milgram）发现，任何学科的职业成功都与一个或多个启发智力的强烈的兴趣爱好，而不是智商、成绩、标准化考试分数或这些因素的组合相关。

　　历史学家也发现了同样的现象。例如，科学史学家保罗·克兰菲尔德（Paul Cranfield）强调，在19世纪中叶的生物物理学的奠基人群体中，每个人的业余爱好的数量和范围、其重要发现的数量，与其科学地位之间存在直接的相关性。另一位历史学家迈纳·迈尔斯（Minor Myers）研究了从文艺复兴时期到现代许多伟人的生平，发现个人贡献的多样性和重要性，与个人能力的多样性之间存在相关性。他得出结论：个人能够整合的知识和技能越多样化，由此产生的新颖和有用的排列组合就越多。

作家安德鲁·罗宾逊对托马斯·杨、泰戈尔、萨蒂亚吉特·雷伊（Satyajit Ray）等博学家的生平进行了调研（他给他们每个人都写过传记），结果显示，博学和创造力之间存在明显的联系。他说，"许多出色的创造者都在不止一个领域有所成就"，并以托马斯·杨和 20 世纪英国语言学家迈克尔·文特里斯（Michael Ventris）在破译古代文字上取得的突破为例。"托马斯·杨和文特里斯的突破都依赖于他们的学术竞争对手所不具备的、不同领域的知识。"他写道，"他们最精彩的创意都来自多才多艺。"教育学家、创意思想家肯·罗宾逊同意这种观点。他说："创造力取决于感觉和思考之间的互动，以及跨越不同学科边界和思想领域的互动。"

艺术与科学的交叉

最伟大的科学家也是艺术家。

——阿尔伯特·爱因斯坦

在很大程度上，艺术与科学之间的联系没有受到足够的重视，而这或许是跨学科重要性的最好证明。实际上，科学经常被艺术当作工具使用，反之亦然。历史上，艺术与科学交叉产生的创造力是显而易见的。达·芬奇在《最后的晚餐》等画作中运用数学来实现几何上的完美，爱因斯坦在研究广义相对论时，用音乐（他会拉小提琴）来激发想象力。两人都特别注意到这些外围影响对他们工作的重要性。我们假想二者的区别是：艺术家处在可能性的世界，而科学家则被限制在现实世界。事实上，想象力对现实有价值，现实对想象力也有价值。

这种紧密联系对于像爱因斯坦和达·芬奇这样的天才有奇效，原因在于科学和艺术可以互相填补空白，成为进入彼此世界的跳板。事实上，连爱因斯坦这样最具开拓性和创造性的科学家都同意："想象力比知识更重要，因为知识是有限的，而想象力囊括着世界上的一切，推动着进步，而且是知识进化的源泉。"

美国心理学家伯尼斯·艾杜森（Bernice Eiduson）对许多诺贝尔奖得主的获奖词进行了一项六西格玛调查，发现大多数伟大的科学家通常都有很多业余爱好。对1901—2002年诺贝尔文学奖得主进行的深入分析显示，伟大的艺术家和作家也是如此。他发现，诺贝尔自然科学奖得主在实验室之外也有很高的成就：半数以上的人都有至少一个艺术爱好，从下国际象棋到收集昆虫标本，几乎所有人都有一个终身的爱好；四分之一的人是音乐家；18%的人从事素描和绘画等视觉艺术。这些诺贝尔奖得主唱歌、跳舞或演戏的比例是所有科学家平均值的25倍；成为视觉艺术家的比例是17倍；写诗和文学作品的比例是12倍；从事木工或其他手工艺的比例是8倍；成为音乐家的比例是4倍；成为摄影家的比例是2倍。

许多博学型科学家用艺术来增进他们对各个科学分支的理解。12世纪高产的发明家和工程师伊斯梅尔·加扎利（Ismail al-Jazari）制作了自己设计的精美微雕。在他著名的笔记中他将艺术作为调查和呈现的工具。据说他的笔记激发了达·芬奇的灵感。18世纪的英国科学家伊拉斯谟·达尔文（Erasmus Darwin）是一位医生、植物学家、生物学家、宇宙学家和工程师，他用诗歌表达对自然的思考。西班牙神经学家、诺贝尔奖得主圣地亚哥·拉蒙-卡哈尔（Santiago Ramón y Cajal）也擅长绘画，绘制了许多关于神经元的精美插图。美国人塞缪尔·莫尔斯（Samuel Morse）既是发明家又是画家。这样的例子不胜枚举。

同样，许多艺术家也运用科学概念创作出了艺术杰作。爵士音乐家约翰·柯川（John Coltrane）提出的"音圈"数学模型就是一个典型的例子。萨尔瓦多·达利（Salvador Dali）运用他在弗洛伊德的精神分析和爱因斯坦的原子物理方面的复杂知识，创作出《伟大的自慰者》（*The Great Masturbator*）和《球体状的伽拉忒亚》（*Galatea of the Spheres*）等大师之作。德斯蒙德·莫里斯也是现代超现实主义绘画的重要人物，他利用自己在动物学方面的专长创作出杰出的艺术作品。"如果说我的画能有什么用处，就是证明'科学'和'艺术'这类标签是一种误导。"他说，"绘画不仅是一门手艺，而且是一种个人研究的形式……实际上，今天的人们不是科学家或艺术家……他们要么是探险家，要么不是，至于他们探索的是什么反而是次要的。"

潜 能

艺术史学家肯尼斯·克拉克指出，艺术和科学本质上都来自同样的想象来源："艺术和科学并不像过去以为的那样是两种相反的活动，实际上，它们利用的是人类心灵中许多相同的能力。归根结底，二者都要依赖想象力。艺术家和科学家都试图将模糊的想法具体化。"最近的一项心理学研究证实了这一点，该研究的结论是："科学家和艺术家通常以同样的方式、用同样的语言来描述他们创造性工作的工作习惯，并利用常见的跨学科思维工具，包括观察、想象、抽象、模式化、身体思维和移情，等等。"

如前所述，工业革命将学科和专业分门别类；1959年，科学家兼小说家C.P.斯诺（C.P. Snow）在题为《两种文化》（The Two Cultures）的著名演讲中警告说，将艺术（包括人文学科）与科学割裂开来是不健康的，强调了让艺术和科学重新走到一起的必要性。1990年，艺术家、发明家、心理学家托德·塞勒（Todd Siler）创造了"艺术科学"（artscience）这个术语，用来指代两个世界之间的相互联系，不过这个概念尚未得到广泛的应用。最近，全世界最具创造力和影响力的组织之一——谷歌公司的首席执行官埃里克·施密特（Eric Schimdt）宣称，为了促进现代世界中的技术创新，必须重新建立这种联系。他在一次对英国技术专家的演讲中说："我们需要让艺术和科学重新结合起来。回想一下维多利亚时代的辉煌岁月，那时候，同一个人既会写诗，也会建造桥梁。"

脑化学

我们的大脑中有大约 1 000 亿个神经元,每个神经元有 1 000 个突触,神经元之间相互作用的方式几乎是无限的(有人估计相互连接的数量在 100 万亿左右)。这不仅显示了人类思维的绝对能力,也显示出人类思维无穷无尽的多样性。英国精神病学家伊恩·麦吉尔克里斯特解释了大脑这种无穷无尽的相互连接:

> 大脑是一个单一的、综合的、高度动态的系统。大脑中任何区域发生的事件都与其他区域相连,并可能对其他区域产生影响。这些区域可能对最初的事件做出反应,使其愈演愈烈,或者以某种方式矫正它,努力重建平衡。大脑中没有字节,只有网络,一个路径排列几乎无穷无尽的网络。

如果我们以每秒 1 次的速度数这些连接,那么从现在开始,3 000 万年后你还在数;如果这些连接被展开,长度足够绕地球两圈。这就是我们思维方式的无限性。

除了相互连接,(如前所述)我们的大脑还具有可塑性;后者不仅解释了多样性,而且解释了融合性。由于可塑性,大脑的化学和结构会随着经验改变——大脑不是一个固定的物体,大脑塑造行为,行为也会塑造大脑。我们过去的大部分经

潜 能

验已经从有意识的记忆中消失，但是这些经验继续塑造着我们的生活，当代的认知科学努力想要理解它们起作用的方式。因此，经验的多样性决定了我们是谁——我们是我们自己积累的经验和知识的产物，或许正如印度教相信的"业"（本义指一种转世轮回的系统，但这个概念也适用于一生一世）一样。萨塞克斯大学（University of Sussex）的神经科学教授迈克尔·奥谢（Michael O'Shea）证实了这一点：

> 神经元并不是像电子电路那样焊接在一起的。连接不是固定的，而是随着经验的变化而变化。通过这种方式，行为会根据我们从不断变化的环境中获取的最新经验不断做出调整。

这个过程被神经科学家称为神经可塑性，对博学性有着深远的影响。哈佛医学院的神经学教授阿尔瓦罗·帕斯夸尔-莱昂内（Alvaro Pascual-Leone）说："一心一意可能是个错误。如果你练习多种技能，实际上每件事情都可能做得更好。"他暗示，追求某一种学科、职业和爱好，哪怕只是有过某种经历，不仅会对其他截然不同的活动产生明确的影响，而且这种影响很可能是有益的。当一个人切换到与之前不同的领域时，他的神经元就会在以前彼此孤立的区域建立起新的通路。我们的技能越多样化，使用的神经通路也就越多样化。

创造力促进了博学，反之亦然。认知心理学家兰德·斯皮罗说："博学支持着创造力，因为创造力需要你所从事的领域之外的想法、类比、模式和观点。"这又把我们带回了左右脑的划分上。许多神经科学家认为创造力是由颞上回产生的。在创造性的时刻，左脑几乎没有反应，而右脑变得更加活跃，显示出惊人的 γ 波增长。左半球脑细胞的树突很短，这有助于从附近提取信息；而右半球脑细胞的树突伸展得更远，将远处不相关的想法汇聚到一起。

神经状况、灵性体验、迷幻药和认知增强剂（"聪明药"）可能引起意识状态的改变和才能的展现，这进一步揭示了大脑非凡的创造潜能。学者症候群[①]和死藤水[②]艺术的案例都向我们提示这种可能性的存在，不过要产生改变心智的影响，通常良好的教育就足够了。

统一性

我认为，没有真正的统一性就没有任何实在。

——戈特弗里德·莱布尼茨

全局观

有的观点比承认某些领域之间存在联系更进一步，认为

---

① 指有认知障碍，但在某一方面却拥有超乎常人能力的人。——译者注
② 亚马孙部落的一种药草饮料，有致幻效果，是一种毒品。——译者注

所有领域都是不可分割地联系在一起的——亚里士多德的"生命之树"和弗里乔夫·卡普拉（Fritjof Capra）的"生命之网"就是如此。作为生活方式实验的一部分，《时尚先生》的编辑A.J.雅各布斯决定阅读整本《大英百科全书》。他总结道："万事万物都是联系在一起的，就像一个世界版的六度分隔[①]游戏。"埃德温·哈勃认为，对知识的感知和分割只是一个人为的过程，现实实际上是一个统一的整体。他说："人类用他的五种感官探索周围的宇宙，把这种探索称为科学。"

人类给领域和学科分门别类和贴标签的痴迷行为是最近才被社会接受，进而成为共识的；"信息爆炸"也助长了这种倾向。在欧洲启蒙运动之前，学科界限并不是严格固定的，人们更容易在多个领域开展研究，没有"误入歧途的危险"。事实上，根本就没有"误入歧途"的概念——人们普遍认为，宇宙中的一切都不可避免地联系在一起，因此需要对它的各个方面展开调查。这种生活和思想上的整体论是早期博学家的常态，"对他们来说知识就像同一棵树上的树枝，知识的统一性反映了宇宙的统一性"。

在人类历史上，虽然原因各不相同，但是每个社会的主流哲学都在鼓励博学方面发挥了一定的作用。无论时间和地点，这些世界观中都有一条共同的主线。这条主线就是整体观——

[①] 该理论认为，平均只需要六步就可以将任何两个互不相识的人联系起来。——译者注

第 5 章 思想变革

在古埃及、希腊、罗马、基督教、欧洲文艺复兴和西非的约鲁巴（Yoruba）哲学，以及儒家、道家、伊斯兰教、印度教、波利尼西亚和玛雅的宇宙学框架中都能找到。

达·芬奇主张一切事物都是不可避免地相互联系的，他坚信如果没有对其他几个学科的深入理解，是不可能完全理解一个学科的。他经常指出绘画、音乐、诗歌、哲学和科学之间的基本联系。他说过，"轻视绘画的人既不爱哲学也不爱自然"，"音乐是绘画的姐妹"，以及"如果说诗歌涉及道德哲学，那么绘画则与自然哲学有关"。达·芬奇认为，整个世界（以及关于它的知识）是一个（而且是意大利的）大家族。实际上，正是因为他没有分门别类地看待事物，他的笔记才显得如此零散——他在主题之间自然而然地切换，因为他认为一切都是相互联系的。肯普说：

> 达·芬奇是一个近乎病态的横向思考者……所以，探索解剖学时，他会观察心脏和水的运动……探索水的运动时，他会想到卷曲的头发，等等——这些相互关联的兴趣形成一个无限上升的螺旋，多样性的表面之下有一个共同的基础，一种共同的因果关系。

但是，整体观绝不是古代哲学、前现代哲学和宗教宇宙观独有的。它也是现代科学范式的特征之一。E.O. 威尔逊被许多人视为世界上最杰出的科学家之一，他是理性和科学方法的拥护者，在他的著作《知识大融通》（*Consilience*）中呼吁知识的统一。他主张："利用统一的知识系统辨识未探索的真实领域，是最踏实的方法。"威尔逊认为，这种世界观是人类意识的自然状态。他强调，知识的统一"满足了人类本性中值得尊敬的一面所产生的冲动"，事实上"赋予了智力终极目的"。

在现代西方科学史和哲学史上，许多世界上最伟大的思想家都谈到过这种世界观的有用性（有时候是不可或缺性）。毫不奇怪，这些人当中许多都是博学家。歌德将自然视为"一个和谐的整体"，洪堡则"习惯于将全球视为一个整体"。巴克敏斯特·富勒（Buckminster Fuller）强调世界是一个单一实体或一个"未分裂的整体"，他坚信世界的绝对统一性，因此需要"综合主义者"，即那些可能对宇宙有更全面理解的人。这种思维方法把世界上的一切都看作一个单一领域的组成部分，在这个领域中，一切都是相互关联的。

虽然整体论是一种起源于印度宇宙学的古老哲学，但是几个世纪以来，它一直是西方思想的一个重要方面［康德、斯宾诺莎（Spinoza）、黑格尔和尼采都深受其影响］。事实上，作为一个哲学术语，整体论是由20世纪的杰出博学家之一史末资创造的。他在《整体论与进化》（*Holism and Evolution*，1927）一书中提倡一切事物和知识的统一。整体论与科学家、艺术家和哲学家长期以来认为的"消失点"不谋而合——这是一个具有哲学意义的几何概念，我们在所有特定领域的探索、知识和理解最终都汇聚到这一点。

今天的许多学者,无论是科学家还是艺术家,仍然坚持各种看似互不相关的领域是不可分割的。哲学家也是博学家罗杰·斯克鲁顿说:"我认为每件事情都是相互关联的,我之所以积极地去寻找这些关联,很大程度上是因为对我来说,孤立是毫无意义的。许多科学家都承认这一点。如果你不从物理定律的角度看待生物,就不能理解它;不仅如此,你也必须从生物学应用的角度来理解物理定律。"

背景

> 未曾有一法不从因缘生,是故一切法无不是空者。
>
> ——龙树(Nagarjuna),佛教哲学家

与统一性密切相关的是背景。这意味着应将特定的物体或现象放在大局中去考虑,以便更好地理解其本来面貌。为了掌握背景,需要对大量(或远或近的)相关现象进行调查,进行360度的多维度分析。作为博学家的标志,黑格尔强调这种方法的重要性。杜威进一步强调,忽视背景是哲学家犯下的最严重的错误。这种错误当然不限于哲学家。博学家泰戈尔用小学生学习理解句子来打比方:

> 孩子们开始学习一个个单独的字母时,感受不到快乐,因为他们迷失了真正的目标;事实上,字母本

身占据了我们的注意力，像孤立的事件一样，让我们疲惫不堪。只有当字母组合成单词和句子并传达一种思想时，它们才会成为快乐的源泉。

忽视背景的危险体现在生活中的方方面面。例如，无数图书、演讲和宗教文本被笨拙地（有时候是狡猾地）断章取义，导致严重的误解，有时候甚至会造成灾难性的后果。想象一下，从一首经典的十四行诗中抽出无意义的（或误导性的）一句话，从一本伟大的小说中抽出一个章节，从完整的理论中抽出一个公式，从一首交响乐中抽出一个音符，或者从一幅画作中抽出一平方英寸。"离开了所处的环境，一切都会失去本来面目，"伊恩·麦吉尔克里斯特说，"把事物抽离出来就改变了它的性质。"这种把物体从环境中孤立出来的倾向就是哲学家埃德加·莫兰所说的"盲目智能"。

一些达尔文主义者声称，人类大脑必然发展出一种专业化、集中化的倾向，因为这有助于在自然选择的过程中生存下来。但是这种假设需要重新考虑。真正的生存需要真正的理解，不仅要理解手边的威胁和机会，还包括周围所有相关的威胁和机会。也就是说，为了生存，大脑的右半球和左半球同样重要。孤立地对待每一种威胁无异于自杀。

博学家明白，生存需要理解，而真正的理解需要对任意给定的主题和情况进行背景和整体评估，还需要最大限度地集中注意力。认知科学家认为，负责背景和整体思维的右脑控制着总体注意力的五分之四。麦吉尔克里斯特以野生动物为例：它们进食时必须专注于食物，但是也必须同时对周围的环境保持警惕——它们的左脑负责近处的食物，右脑负责更广泛的注意力（例如，寻找掠食者和配偶）。

所以，为了生存，高度专注和具备背景思维同样必要。实际上，统计学家和哲学家纳西姆·尼古拉斯·塔勒布（Nassim Nicholas Taleb）认为，沉迷于特殊而非一般、具体事实而非总体规则，是我们仍然没有为"黑天鹅"（不太可能发生但又不能完全避免的极端事件，如市场崩溃和恐怖袭击）做好准备的主要原因之一。

系统思维

知识多样化是一回事，将多样化的知识融会贯通、形成大局观是另一回事。尼古拉·哥白尼的日心说革命是从博采众长的过程中诞生的，他对当时出现的"专业"天文学家采用的方法感到失望：

> 有了它们，就好像一个艺术家要从不同的模型中搜集手、脚、头和其他部分的图像，每个部分都画得很好，但是与整个身体无关，并且由于它们互不相配，结果只能拼凑出一个怪物，而不是一个人。

潜 能

自从文艺复兴以来，西方思想家在科学和哲学上主要采用的是法国哲学家笛卡儿率先提出的还原论。笛卡儿的方法从个体基础的角度来看世界，通过还原分析更好地理解其特定组成部分。三百年来，这种方法在研究和解释各种自然现象方面取得了长足的进步。

但是到了20世纪初，一群科学思想家意识到科学知识正在变得越来越分散，导致人们忽视了所有自然现象之间的内在联系和统一性。这些科学思想家试图回归到传统的、启蒙运动之前的整体论思维模式，发展出一种称为系统思维的科学框架［由苏联博学家亚历山大·波格丹诺夫提出，美籍奥地利生物学家路德维希·冯·贝塔朗菲（Ludwig von Bertalanffy）推广］。这种新的科学范式激起了一场新的生态运动（其思想被称为"深层生态学"），其中最流行的是詹姆斯·洛夫洛克（James Lovelock，又译为詹姆斯·拉伍洛克）的盖娅理论（Gaia Theory）。实际上，美国生态运动的先驱之一巴里·康芒纳（Barry Commoner）认为，"一切事物都是与其他事物相互联系的"。

这场运动的主要支持者弗里乔夫·卡普拉说，系统思维本质上指的是"连接、关系和背景"。其前提是，整体的性质不同于部分的总和，对象之间的关系是主要的，对象本身是次要的（因为对象本身就是网络，又嵌入更大的网络之中）。因此，系统思考者认为，知识不是一座"建筑"，而是一个"网络"。

为了更好地理解西方科学,卡普拉在 1975 年的畅销书《物理学之道》中引入了东方哲学的元素,为系统思维做出了贡献。他对列奥纳多·达·芬奇思想的研究证实了系统思维与博学的关系——达·芬奇是最早的系统思考者。今天,系统思维的实用价值已经在许多领域得到承认,其原则已经被商界领袖和政府管理者,以及经济学、生态学、哲学等许多学科采纳和应用。

全脑思维

一个完整的头脑需要:学习艺术的科学和科学的艺术……意识到世间万物都是相互联系的。

——列奥纳多·达·芬奇

一提到整体思维,许多现代唯物主义科学家总是嗤之以鼻,马上联想到"新纪元灵修主义"之类的哲学风潮。但是,具有讽刺意味的是,现代神经科学为这种思维模式提供了最好的解释。只有理解了大脑右半球与相对应的左半球的作用,才能充分认识到整体思维和背景思维的重要性。大脑右半球倾向于"把事物看作一个整体,其间存在复杂的相互依赖关系",而左半球倾向于"狭隘地、孤立地看待事物"。精神病学家伊恩·麦吉尔克里斯特说:"左脑提供部分的知识,右脑提供整体的智慧。"

此外，大量神经心理学研究证明，只有"集中性注意力"属于左脑的范畴，右脑负责其余所有类型的注意力（警惕性、机动性、持续注意力和分散注意力）。这意味着，右脑负责"广泛的、全局的和灵活的注意力"，而左脑负责"局部的、狭隘的集中性注意力"。麦吉尔克里斯特在《大师及其使者》(The Master and His Emissary)中指出，在西方历史上的不同时期，我们的整体思维能力是起伏不定的，在我们认为最具创造力和知识生产力的时代（古希腊、欧洲文艺复兴和启蒙运动时期），整体思维能力也达到顶峰。

20世纪50年代，英国著名思想家以赛亚·伯林发表了一篇分析列夫·托尔斯泰知识结构的文章。在这篇文章中，他把历史上的伟大思想家分成"狐狸"和"刺猬"两类，然后考察托尔斯泰属于哪一类。他解释说，刺猬"凡事归系于某个单一的中心识见、一个多多少少连贯密合且条理明备的体系，而本此识见或体系，行其理解、思考、感觉"。这个系统"归纳于某个单一、普遍、具有统摄组织作用的原则，他们的人、他们的言论，必唯本此原则，才有意义"。

狐狸"追逐许多目的，而诸目的往往互无关联，甚至经常彼此矛盾，纵使有所联系，亦属于由某心理或生理原因而做的'事实'层面的联系，无关道德或美学原则；他们的生活、行动与观念是离心式的而不是向心式的；他们的思想或零散或漫射，在许多层次上运动，捕捉百种千般经验与对象的实相与本质"。总而言之,"狐狸多知,而刺猬有一大知"。最重要的是伯林的结论。他发现无法将托尔斯泰明确地归入任何一类;他既不是通才,也不是专家。事实上,他又两者都是。

在某种程度上,专业化和博学化的倾向都是我们所有人与生俱来的;最优秀的博学家证明他们同时拥有这两种能力。在他们看来,普遍性和特殊性不是二元对立的,而是像阴阳一样协调互补,以最清晰的形式揭示现实。要探询真理,就必须具备这种心态:首先追求多样化,然后通过连接点来理解整体。在这个过程中,逻辑推理(专业化的推进剂)和整体直觉(通才的标志)同样重要。

这就是为什么大脑的左右半球对人类思维具有同等的价值(尽管按照麦吉尔克里斯特的说法,右脑是大师,左脑是使者),而且只有当它们共同协作时,博学的潜能才能得到充分发挥。最好的画家懂得需要把注意力集中在复杂的细节上,也懂得时不时地后退几步,观察整个画面以保证比例协调。对于作家来说,专注于每一章、每一节、每一段,确保它们无懈可击,与保证作品整体的连贯性、关联性和统一性同样重要。

借用伟大的黎巴嫩诗人哈利勒·纪伯伦(Khalil Gibran)的一个美丽的比喻:鲁特琴的琴弦彼此分开,每一根琴弦自己的音符都很重要,需要精心调准,但是只有当它们共同震颤时,和谐、美妙的音乐才能传到我们耳中。这是艺术家和科学家都承认的原则。亨利·庞加莱(Henri Poincaré)因为精通所有数

潜 能

学领域而被称为"最后的通才",他曾说:

> 正是各部分之间的和谐、对称,及恰到好处的平衡,一句话,就是井然有序、统一协调,使我们对整体和细节都能有清楚的认识和理解。

神经生理学家、诺贝尔奖得主罗杰·沃尔科特·斯佩里(Roger Wolcott Sperry)认为:"大脑作为一个整体,左右半球各自独立活动,但是共同形成统一的意识。"斯佩里指出,真正的博学家在做出让他们享誉世界的创造性突破时,对大脑左右半球的使用是同等、互补的。

麦吉尔克里斯特认为,在西方历史上,这种平衡在文艺复兴和启蒙运动时期得到了最好的实现,因此这两个时代也是西方博学家辈出的鼎盛时期。他指出,希腊、罗马和文艺复兴时期的文化"在大脑两个半球的'任务'之间实现了完美的平衡……人们认识到,为了理解世界的一个方面,需要尽可能地理解其他许多方面,因为右脑要求看到事物之间的联系,而不是将它们分门别类"。

今天,我们正在向一种复杂的新范式转变,这要求我们转变思想,从过度依赖左脑(我们这样做已经好几个世纪了)转向协调、同步地使用大脑的两个半球,即运用完整的大脑。重要的是,为了有效地培育这种思维方式,我们需要与之相适应的教育系统、职业环境和流行文化。

第5章 思想变革

真正的专家

> 有了它们,就好像一个艺术家要从不同的模型中搜集手、脚、头和其他部分的图像,每个部分都画得很好,但是与整个身体无关,并且由于它们互不相配,结果只能拼凑出一个怪物,而不是一个人。
>
> ——尼古拉·哥白尼

人们通常认为,当天才进入某个"区域"时,他们就会心无旁骛,排除所有外围干扰,专注于某一项非常具体的任务。事实上,对于天才来说,这样的"区域"是各个方面的统一性、和谐性之所在——无论是中心的还是外围的——甚至与手边的任务关系不大;对投手来说可能是一场棒球比赛,对作家来说可能是他的笔记本电脑,对音乐家来说可能是他的小提琴。阿德勒(Adler)在描述"习惯成自然"的学习过程时是这样说的:"一开始,学习者只会注意到自己与一个个单独的动作。等所有单独的动作不再分离,渐渐融为一体时,学习者便能将注意力转移到目标上,而他也具备了达成目标所需要的能力。"他指的是阅读的艺术,但是这适用于任何专业的任务。心理学家米哈里·契克森米哈赖将这种最佳心理状态称为"心流"——现在的神经科学家将其解释为一种有意识相对于无意识慢下来(瞬时前额叶功能低下)的超越自我的体验。

虽然心流状态大多与不同领域的高绩效表现有关，发生在精英从业者和思想家身上，但是每个人在日常生活中也能体验到这种状态。例如，开车被视为一项活动，但实际上它是需要多种认知能力的多项任务。你一发动汽车，所有这些能力就自然而然地结合在一起。驾驶者所感受到的这种潜意识的、本能的统一性，与博学家所感受到的统一性是类似的。在博学家看来，驾驶是许多方面（后视镜、变速箱、离合器、刹车、加速器、方向盘）的组合。

尽管有时候出于实用目的，博学家确实可能将世界的不同方面分割开来，但是在这样做的同时，他们充分理解所有部分都是紧密联系的，并且最终形成整体。他们认为整体大于部分之和。这个概念似乎显而易见，但是在一个极度割裂的世界里很容易被忽视，也很少被纳入考虑。

总的来说，那些担心博而不精的人忽略了一个事实：相对于专业化，多样化实际上能够提升一个人整体的知识和智力水平，而专业化限制了一个人进步的程度——无论是整体上，还是在任意给定的学科范围内。对于肤浅的思考者来说，整体总是等于部分之和。对于博学家来说，在对不同的部分进行综合时，会产生创造性的结果，不可避免地扩大整体的规模、增加整体的内容。创意大师戴夫·特罗特（Dave Trott）的畅销书《一加一等于三》（*One Plus One Equals Three*）就是基于这个概念。

第5章 思想变革

驾驭信息时代

学而不思则罔。

——孔子

要对整体有一个清晰的认识是很困难的，尤其是在海量信息可供获取的当下。我们每个人每天要接收大约10万字的信息。我们面临的挑战是，如何选择那些对我们每个人有价值的信息，并以一种对我们有意义的方式，将其纳入我们的生活以及更广阔的世界之中。这就是爱德华·德·波诺所说的"思维创造价值"。因此，在某种程度上，我们所有人都应该成为博学家；整个世界就是我们的核心领域，为了从总体上理解它，应该对所有方面都加以探索和利用。

"虽然我们渴求智慧，但信息多到足以把我们淹没。"当今顶尖科学哲学家之一E.O.威尔逊说，"今后，善于综合的人将成为世界的主宰，他们能在正确的时间整合正确的信息，运用批判性思维，明智地做出重要的决定。"彼得·伯克是研究博学性在欧洲发展演变的著名专家，他得出了同样的结论：

> 一个专业化的时代比以往任何时候都更需要通才——不仅是为了综合，而且是为了分析。因为根据现在的学科定义和组织结构，有些知识落在不同学科

之间的空隙里，可能就此消失，我们需要博学家来填补缺口，关注这些知识。

法国哲学家、复杂性理论之父埃德加·莫兰说：

> 我们需要一种思维，来为那些割裂的、支离破碎的事物重新建立联系，在认识到统一性的同时尊重多样性，努力识别事物彼此之间的相互依赖性。我们需要一种激进思维（来找到问题的根源）、一种多维度思维，以及一种组织或系统思维。

传统上，学校是知识传播的中心，通过授课和书本，将知识由教师传递给学生。但是在今天的信息时代，获取信息已不是问题，如何驾驭信息才是我们面临的挑战。维基百科创始人吉米·威尔士强调："因为每个人都能接触到海啸般的信息，教人们如何驾驭这些信息就变得非常重要了。我们怎么知道应该相信什么？很多人没有学习过这类技能。"驾驭信息需要思考，正如爱德华·德·波诺指出的，在传授"思考"这项不可或缺的技能方面，我们目前的教育机构没有充分发挥作用。正是通过思考——这个过程包括推理、综合和应用——信息才能变成知识。

今天的审查制度并没有抑制信息，反而以一种杂乱、随机的方式让信息泛滥。面对海量的信息，我们要么晕头转向，要么不得不放弃对整体的理解，专注于某一个具体的事物。这很容易进一步巩固社会固有的封闭、狭隘的专业化。关注多媒体教育的心理学家兰德·斯皮罗说："自从巴比伦和亚历山大里亚以来，我们一直追求一个包罗万象的图书馆，现在，以互联网的形式，我们真的拥有了它。但遗憾的是，人们为了逃避思考，以一种封闭的方式使用它……事实上，网络是非常擅长发现不同观点的。"

这无疑鼓励了一种自满、懒惰的文化，剥夺了人类的思考能力（有大量研究表明了这一点），但是如果每个人都能明智地利用互联网，它的价值是不可估量的。哈姆雷特·伊萨赞里说："在当今的信息时代，人们能够更便捷地获取信息，这为博学家创造了条件。任何想要学习更多东西的人都有机会实现愿望。"实际上，一个鼓励心智发展的创意产业正在兴起，包括研讨会、门户网站和来自不同领域的演讲者主持的播客。

无论是理论的还是实践的，信息随时随地唾手可得。一个人几乎可以学到任何东西：修理汽车、波利尼西亚哲学、急救、俄罗斯艺术史、软件故障排除、手机工程、马克思主义经济学、应用药理学、家庭管道疏通。通过 Wikihow 和谷歌这类工具，几乎什么都能查到。如果明智地选择来源，基于网络的信息可以让任何人成为博学家。在今天的互联网上，有 YouTube（你能想象到的各种视频）、可汗学院（Khan Academy，包含各种科目的教程)、TED 演讲（涉及各种话题和观点)、Edge（汇集了西方科学精英的思想)、维基百科（包括 267 种语言的 3 100 万篇文章）之类的在线资源，更不用说还有 500 万册免费电子书和所有的在线报纸与杂志，海啸般的信息足以将我们淹没。

然而，教育机构的角色仍然没有改变，还停留在过去几个世纪以来的整理和分配（转移）知识上，而不是教人们如何更好地组织、理解和利用知识。为了判断什么时候、在多大程度上、在何种背景下需要什么样的信息，批判性思维比以往任何时候都更加重要。

变革

根据最普遍接受的人类进化观点，从 200 万年前到 1 万年前，世界上同时有几个人种：尼安德特人（homo neandethalensis)、直立人（homo erectus)、梭罗人（homo soloensis)、佛罗勒斯人（homo floresiensis)、卢多尔夫人（homo rudolfensis)、匠人（homo ergaster) 和智人（homo sapiens)。其他人种都灭绝了，是一场认知革命让智人幸存下来。大体积的大脑、使用工具的能力、卓越的学习能力和复杂的社会结构确保了智人的延续。

这是第一场认知革命，第二场认知革命尚未发生。当然，历史上有过多次文化和知识的复兴，比如 11 世纪的科尔多瓦、

13 世纪的廷巴克图、15 世纪的佛罗伦萨和 18 世纪的巴黎（还有其他许多地方）。在过去的几千年里，我们经历了技术突破和精神觉醒，以及科学、政治和经济革命。但是一场改变大脑的神经结构、带来整个物种意识转变的认知革命还没有到来，但它一定在 21 世纪到来。

第 6 章

系统变革

潜　能

上一章的主旨可以归纳为认知革命——将自我从消灭人性的系统中解放出来。但是归根结底，专业化是一个系统性的问题，需要系统性的解决方案。我们的社会中有这样一些人，他们有能力影响我们对社会、教育、工作和未来的感知和定义，本章的目的就是引起这部分人的注意。我们是想让少数博学家来掌握未来，还是想最终解放全人类的博学潜能？

社会

思维共同体

历史上的伟大文明之所以能够造就如此众多的博学家，一个主要原因是（不考虑这样一个事实：这些地方的人类成就最有可能被记录下来），大多数帝国（如奥斯曼帝国、罗马帝国和大英帝国）包容和吸收了不同文化的人民、世界观、语言和思想。社会互动的多样性必然会触发社会和知识融合的过程。在《好主意的社会起源》（*Social Origin of Good Ideas*）一书中，罗纳德·伯特（Ronald Burt）得出了同样的结论：

第 6 章 系统变革

> 那些处在人际结构交叉点上的人更有可能想出好主意……与外部群体相连接的人更容易接触到不同的思维和行为方式，这给了他们选择和综合的机会。

复杂性理论家斯科特·佩奇（Scott Page）在《多样性红利》（*The Difference*）一书中指出，根据广泛的研究，进步和创新可能更多地依赖于多人合作并善用每个人的独特性，而不是高智商的单独思考者。他的研究表明，与由想法相近的"专家"组成的团队相比，拥有多元化视角的团队会有更好的表现。正是出于这个原因，陪审团是司法制度的重要组成部分——随机选择来自各种背景的人，将他们对案件的看法汇聚到一起，形成新的洞察，他们比训练有素、经验丰富的专业律师更能看清真相。

这个被亚里士多德称为"众智"的过程已经在许多领域得到应用，包括新闻（决定新闻中包括哪些内容）、政治（如雅典民主的分类）、学术界（跨学科项目）和商界（跨领域咨询小组和创意"众包"）。

多样性对创造性的影响不仅适用于群体。一个人头脑中的多样性（相对于一个思维共同体而言）也能产生类似的效果。与新文化、新人、新想法和新思维方式的互动，使得个体能够在有意识和无意识的层面上充分理解生活的多样性。因此，群体的多样性会影响个人思维过程的多样性，反之亦然。认知科

潜 能

学家兰德·斯皮罗谈到了这种"头脑内外的协作":

> 对一个人有益的东西也对全世界有益,二者相互支持……在小组里工作时,你会听到不同的观点,你个人也会产生不同的观点……反过来使你更加适合团队工作……有了更多的触手、更多可能的联系点……你自己就能成为一个小团队,多种视角就能在你的内心世界展开对话。

实际上,这个过程会对大脑产生明确的物理影响——我们现在知道,大脑的重量、皮质厚度和神经回路会随着社会互动的数量、类型和性质的变化而变化。

个人多样性的增强,反过来使整个社会的多样性呈指数增长,形成一个积极的反馈循环。一个多元文化的、世界主义的环境,能够实现真正持续的跨阶级、跨领域和跨文化的互动,也最有可能实现人、思想和领域的融合。在这样的环境中,只要个人能够通过内省将多样性吸收内化,进而诉诸外在表现,博学家自然会应运而生。

然而,在某些情况下,这种对群体的依赖抑制了个人的博学倾向。工业化时代,随着市场经济成为世界范围内占主导地位的社会经济体系,个人已经被称为公司的组织所取代。伟大的公司取代了伟大的人物,成为改变世界和推动发展的重要力量。公司的角色和影响力已经超越了民族国家(当今世界上最大的 100 个经济体中，大多数是公司而不是国家），对个人（以及人类）的博学性产生了深远的影响。公司将自己人格化，拥有自己的愿景、使命和价值观，主张自己的权利，并最终会对个人取得压倒性的胜利。

再加上知识的指数增长（"信息爆炸"）和机器对人的异化，这意味着多样性、跨学科和多学科成为团队或组织而不是个人考虑的问题。技术专家文尼·米尔钱达尼（Vinnie Mirchandani）用了一整本书，将 21 世纪的公司描绘成博学家。他认为，英国石油公司和通用电气公司就是"新一代的博学家"；精通多种技术、拥有多元化人才储备的跨国公司就是今天的达·芬奇和本杰明·富兰克林。

因此，公司必须有意识地确保多样性带来的好处是双向的——既从个体流向群体，也从群体流向个体。正如技术哲学家和博学家杰伦·拉尼尔（Jaron Lanier）警告的那样，我们不应该以牺牲个人为代价来为集体增光添彩。

真正的全球化

乔治·威尔斯（H.G.Wells）本人是一位博学家——小说家、画家、生物学家和历史学家——早在 1936 年，他就提出了"世界脑"的概念。考虑到他的世界观，这并不奇怪。他说："在我特别喜欢的国家，一切都是概括和综合的。我不喜欢孤立的事件和离散的细节。"威尔斯的思想一向是全球性的。他写了一部影响深远的世界史著作,是世界和平运动(World Peace movement)的杰出成员,并在第二次世界大战后加入了建立世界政府(World Government)的运动。威尔斯直言不讳地反对种族歧视和阶级歧视,他是那个时代为数不多的从大英帝国以外的视角看世界的英国知识分子之一;他理解来自世界各地的知识的重要性,以及它们在历史上的贡献和对未来和平的不可或缺。他设想了一个多姿多彩而又协调统一的世界。这才是真正的全球化。

21世纪,通过扩展和汇聚思维共同体,全球化在一定程度上促进了全球融合的过程,为个人打开了难以想象的新世界的大门。今天,多样化的互动可以通过各种平台、以各种形式实现:Skype、电子邮件、WhatsApp、社交媒体、博客、论坛,等等——来自不同背景的头脑汇聚在一起,分享和交流思想。用科学作家马特·雷德利的话说,这是"思想媾和"的空间。雷德利认为,真正的技术创新来自集体智慧,取决于人们能够在多大程度上相互连接。因此,互联网解释了为什么我们正在经历一个技术创新的黄金时代。

但是,事实证明,全球化对人类既是机遇,也是威胁。如果理解正确、引导得当,它可以为那些永远保持好奇心、努力寻求知识的人提供前所未有的机会。它可以成为创造一个博学社会的力量。工业革命和帝国主义带来了一种机械论—线性化和还原论—专业化的心态。这种心态满足了当时的需求(至少对某些人来说是这样)。今天,我们生活在全球一体化的信息时代，需要一种完全不同的心态——一种流动的、整体的、相互关联的心态。每个人的关注点都不再明确和单一，而是日益复杂和多样化。

最重要的是，要想成为培育博学家的催化剂，全球化必须是真实的。人们可能以为（至少是希望），在"去殖民化"和全球化的21世纪，西方至上的偏见会消失。但事实并非如此。全球化并非如其支持者所言，是世界上所有文化（或许多文化）的均衡融合，而是占据主导地位的西方文化的强势传播。这种状态应该受到挑战。这种全球化的危险在于，可能导致一种或少数几种核心"世界语言"（即联合国官方语言）的增殖，一切文献都必须被翻译成这种语言。然而，对于许多历史、文学和哲学著作而言，其他语言的版本可能是更好的选择。这样一来，"地球村"的理想就化为了泡影。

我们应该怀着更多的尊重，更认真地对待世界各地的本土文化、历史和哲学——特别是因为其中许多文化本质上是整体论的，因此具有博学的性质，也许更加适合当前的环境。它们应该被给予真正平等的地位，而不是被简单粗暴地贴上标签。随着世界的全球化，为了更真实地理解各种文化和世界观，学习多种语言应该成为趋势。例如，不妨想象一下阿兹特克人对日本历史的描述，或者马里版的波利尼西亚哲学，或者埃及人视角的中国文学评论。这些思想不仅会重塑我们的历史观，而且会迫使我们修正当前对许多事情的假设。

考虑到这一点，通过全球化的教育来培养全球化的头脑就变得愈加重要了。这意味着，儿童和年轻人应该学习多种语言（而不只是常见的那几种），以（至少是潜在的）平等的方式看待来自不同社会的世界文学、世界电影、世界艺术和世界哲学。他们还应该拥有关于世界的经验——例如，应该将旅行嵌入课程中。

启蒙运动时期，欧洲上流社会经历了游学热，今天的年轻人也感觉到了周游世界的必要性——尤其是因为对许多人来说，旅行变得更加容易了。"休学年"很重要，但是还不够，从儿童时代起，它就应该成为整个全球一体化过程的一部分。这对个人博学性的发展尤其重要，因为它拓宽了思路、促进了知识和经验的融合、塑造了个性，并且让人接触到不同的视角。联合国教科文组织提出的全球公民教育（Global Citizenship Education）倡议就是朝这个方向迈出的坚实一步，这项倡议由全体国民信心计划（Faith in the Commonwealth project）负责实施。

教育

我们之前讨论过为什么教育系统会成为现在这个样子。肯·罗宾逊提纲挈领地强调了一些主要因素：

> 在学术教育中，专业化在一定程度上基于这样一种理解：知识只能通过演绎推理和证据来获得。这使

得文化领域中，艺术等门类不可避免地被边缘化了。19世纪大众教育体系的发展加速了这一进程。工厂需要一定的认知技能，因此数学和英语得到重视。把知识的概念与培养更顺从、更守规矩的劳动力的需求结合起来，就会形成一种特定的智力观。在这样的教育体系中，情感和表达被忽视了。精神病学、精神分析和经济理论也在同一时期出现，它们都起源于这种看待世界的方式。

确立学习的目标

知识就是力量——对一些人来说，知识是征服的力量；对另一些人来说，知识是自由的力量。这就是对知识的追求，即"教育"，在社会历史上被赋予如此重要地位的原因。在人类历史上的大部分时间里，教育的目的是提高一个人的道德品质、增强一个人为人类做出积极贡献的能力，以及让一个人为现实生活做好充分的准备。儒家将教育视为提高道德修养的手段；印度教和伊斯兰教将教育视为认识神性的手段；史前的狩猎—采集者将教育视为在一个充满敌意的艰难环境中谋求生存的手段。亚里士多德说，孩子们应该受教育，不仅因为所教授的主题是有用的，而且因为教育本身就是一件好事。

随着时代的发展，由于社会达尔文主义的盛行和资本主义范式的主导地位，教育开始被视为提高物质和社会地位的主要手段（有时候是唯一的手段）。我们目前的制度和文化迫使我们将教育视为一种增加价值的过程，然后把自己卖给雇主，让他们相信我们有能力为他们的成功做出贡献。这种价值通常是根据专业化程度来判断的。从这个意义上说，教育已经成为一种获得稳定和地位的工具。

但是今天，我们需要重新评估学习的真正目的。如果你对这个世界没有更完整、更全面的了解，你怎么能够明确自己在这个世界上的位置？今天迫切需要的，是一种鼓励好奇心（通过鼓励自主性）、统一性（通过鼓励整体的、情境化的学习）和创造力（通过不再将专业化凌驾于多样性之上）的教育体系。博学家和教育家哈姆雷特·伊萨赞里认为，应该创造一个鼓励多元化的天赋和兴趣的学习环境。"现实中，没有学生会只对一个领域感兴趣；他们总是有许多兴趣爱好——涵盖了多个领域。我们需要为他们创造机会，让他们展示在这些领域的能力。"

考虑到这些，我们也要问自己一些重要的问题：我们为什么要寻求知识？学习或教育对我们意味着什么？我们对成就、幸福、成功和自我实现的定义是什么？现在的情况是，我们被告知要为某项工作做好准备，而这项工作可能很快就会被自动化！重要的是，我们必须从一开始就明确知识的概念究竟是什么。我们当中有太多人随波逐流，依赖社会告诉我们应该学习什么，以及为什么要学习。一旦对这些问题进行认真反思，我们的内心深处自然就会产生获取和分享知识的真正渴望。

第6章 系统变革

鼓励自主创造

> 广泛的课程可以使孩子们取得最出色的成就，使他们展示出他们多方面的天分。
>
> ——肯·罗宾逊

我们以为，自部落式的"过时"学习方式出现以来，我们的教育系统已经取得了长足的进步，但是或许我们需要对其中一些传统方式进行重新考察。博学家和人类学家贾雷德·戴蒙德（Jared Diamond）通过研究表明，许多传统部落社会的教育体系虽然与现代西方体系截然不同，却往往允许个人获得全面的自由发展，让个人为高度多样化的生活做好准备。他观察了巴布亚新几内亚的部落教育体系："这里没有正式的指导和背诵，没有课程，没有考试，没有文化场所（学校），他们从环境中汲取知识——从一个人传递到另一个人。"他发现，传统教育中的"知识与社会生活密不可分"。

这很重要，因为孩子们需要理解他们所学东西的重要性和用途——他们需要理解传授给他们的知识和技能的真正价值，才能用这些工具来更好地理解周围的世界（以及在其中生存）。这样，他们自然会在不同领域有出色的表现。一些现代学校体系就反映了这种教育理念，比如意大利医生玛丽亚·蒙台梭利（Maria Montessori）创办的学校体系。

实际上，通过传统部落社会中儿童无拘无束的成长过程可以看到，儿童游戏对于创造性具有重要意义，能够帮助孩子们做好一般意义上的生活准备。现代社会中的家长对孩子过度保护，总体上限制了孩子的探索欲和自主权。贾雷德·戴蒙德对阿卡族俾格米人（Aka Pygmy）和西澳大利亚的马尔杜人（Martu）等传统社会的研究表明，他们的教育框架包括跨年龄的游戏小组、创意玩具制造和现实生活中的学徒期，创造了一种"教育和游戏不分家"的环境，培养出了富有创造性的青年——他们自强自立，相信谁都不欠他们任何东西。

这种方法任由孩子们受到好奇心的支配，证实了肯·罗宾逊的断言："如果你能点燃孩子的好奇心，绝大多数孩子都能主动学习，无须外援。"同时，个性化也得到促进和发展。如果能够将这种自主创造的元素引入现代社会，儿童将得到更全面的成长。这样的教育通过回归本能的传统思维，或者如罗伯特·格林所说的原始思维，允许成年人在一生中始终保持天生的创造性和好奇心。

培养全面性

教育是感知现象之间的隐藏联系的能力。

——瓦茨拉夫·哈维尔（Václav Havel），
捷克剧作家和政治家

第6章 系统变革

孔子在《大学》中阐述了他的教育哲学：必须把教育看作一个复杂的、相互关联的系统，并在其中寻求平衡。他认为，学习的任何一个方面都不是孤立的，一个方面的失败就会导致整个学习的失败。

现在让我们快进几千年。歌德的朋友弗里德里希·席勒在耶拿大学的就职演讲中提出了教养的概念，指的是一种基础广泛的教育，构成学生总体发展的一部分；与之相对的则是职业资格培训，指的是让学生为特定职业做好准备的专业教育。尼采后来加入这项运动，面对专业化的愈演愈烈，他提出警告，说这会使学者失去整体的视角。他认为，专家"永远不能达到应有的高度，即可以纵览全局、环顾和俯瞰的高度"。

这项运动的另一位重要成员、博学家和探险家亚历山大·冯·洪堡提出了"科学"的概念，它意味着个人的全面发展，需要培养完整的人格，而不仅仅是头脑。洪堡认为，大学的目的应该是"开放整个知识体系，阐明所有知识的原理和基础"。18世纪和19世纪，许多著名的德国知识分子，如黑格尔和康德，都是这种全面教育的支持者。卡尔·马克思在《共产党宣言》中也特别提到，要用全面的教育来培养全面的青年。

20世纪，一场新的教育运动，或所谓的"社会教育学"应运而生；这场运动对教师进行培训，让他们把孩子当成完整的人来看待，支持儿童的全面发展。今天，确实有一些学校在遵循（至少是努力遵循）这种基于整体论的教育模式开展教学活动。一些学校将这种理念嵌入课程当中：例如，鲁道夫·斯坦纳创办的华德福学校既注重理论、实践和艺术学习，也注重社会和精神意识的发展。与斯坦纳同时代的神智学家吉杜·克里希那穆提创办的克里希那穆提学校，以及神秘学家和当代博学家萨古鲁（Sadhguru）创办的伊莎学校（Isha schools）也遵循这种理念。有趣的是，以灵修为基础的学校成为开创这种方法的先驱。

无论学校的课程设置如何，教师（其中很多人自己就是通才）都能够凭借自身的力量，在培养博学性方面发挥重要的作用。哈姆雷特·伊萨赞里描绘了这样一个情景：

> 教师可以让一个学习自然科学的学生听音乐，提示他学习关于声音与和声的数学和物理理论，与他探讨诗歌与音乐之间的联系，鼓励他深入了解音乐史，或许还可以让他就这个主题写一篇作文。

我们不能忘记，不同的孩子会在学习过程的不同阶段表现出不同的才能。肯·罗宾逊说："我知道有些孩子在不同的学科，或者一天中的不同时间段会比同龄孩子表现得更好，有些孩子在小群体中比在大群体中表现得更好，还有些时候他们就是想单打独斗。"

长期以来，通识能否成为一门独立的学科一直受到争议；

通识教育强调每一门课程的背景和相关性——它们之间是如何相互关联的，以及它们为什么与学生的生活有关。从这个角度出发，通识教育应该成为所有课程中最重要的科目。

无论如何，全面发展的学生应该得到奖励。在对他们进行评估时，应该考察他们能力的多样性，而不仅仅是他们在单个学科中的知识和能力。此外，正如心理学家古特曼（Gutman）和朔恩（Schoon）建议的那样，即使最终目标是专业化，也应该有一段足够长的前置期，让学生花更多的时间探索自己的天赋和兴趣。

高等教育

鉴于大多数现代教育体系都采用金字塔式的专业化结构，在高等教育中维持学习的多样性是一个巨大挑战。为此，有必要回顾历史上不同时期和不同文明中出现过的一些更古老的高等教育模式。世界上最古老的塔克西拉大学（Taxila University，位于今天的巴基斯坦）确保成年学生在不同领域得到同样良好的训练，包括医学、法律、军事科学，以及大象知识、射箭和狩猎。伊斯兰世界的大学和高等教育机构传统上是博学教育的中心，提供全面的教育体验——开罗的爱资哈尔（Al Azhar）和伊朗的库姆（Qum）就是很好的例子。在欧洲，"大学"一词起源于拉丁语的"universitas"（意思是"普遍的"或"完整的"），言下之意是，即便是高等教育（或者说，特别是高等教育）也应该包括每个学生的全面学习。事实上，这些中世纪早期的大学都开设了通识课程。

然而，今天就像过去两个世纪以来的那样，终身的专家正在被按照订单批量制造。由于每个人的天性都是多面的、多维的（本书一再证明了这一点），理论上，"制造"一个博学家不是应该比"制造"一个专家更容易吗？圣地亚哥·拉蒙·卡哈尔是首位诺贝尔生理学或医学奖得主，也是现代神经科学的奠基人（他本人也是一位著名艺术家），他证明了全方位、多领域教育的好处：

> 对于有经验的老师来说，更值得偏爱的是这样的学生：起初有些顽固、任性，拒绝虚荣的诱惑，拥有无穷无尽的想象力，把精力花在追求文学、艺术、哲学和所有娱乐身心的活动上。那些旁观者看起来似乎是分散他们精力的事物，实际上是在引导和锻炼他们……

在现代课程中，与中世纪大学的博学结构最接近的是现代人文教育体系。这套体系在美国很普遍，但在其他地方却难得一见。这套体系最早起源于欧洲，如今根据《大英百科全书》的定义，是一种"与专业课程、职业课程或技术课程相反，旨在传授一般知识和发展一般智力的学院或大学课程"。

在拉丁语中，人文（liberal）这个词的意思是"自由人值得拥有的"，其目标是摆脱围绕着早期专业化的教条。学者和学生都是如此。侯世达在向哈佛大学教授 E.O. 威尔逊介绍两位在人文学院工作的博学家教授时，威尔逊的回答是（大意）：

> 是的，像这样伟大的思想家和教师更有可能出现在规模较小的人文学院，而不是常春藤盟校；后者只愿意雇用那些"前沿"分子——对深刻的思想不感兴趣，只是某个超级狭隘的小学科内的世界级专家。哈佛大学到处都是这种世界级专家，但是如果有人问我，他们的孩子在哪里可以得到真正的教育，我会推荐一所小型（人文）大学，而不是像哈佛大学这样势利而时髦的精英学校。你可以从哈佛大学得到好名声，但是不会得到同样好的教育。

许多传统大学的确有活跃的课外活动，包括各种社团和协会（体育、艺术、读书，等等）；但这些都是"课外的"，这就表明在保守的教育机构眼中，它们是外围的（因此是次要的）。在美国，有通识学士（BGS）这种学位，但是这种学位经常被传统大学和雇主认为太空洞和缺乏重点。在英国，伦敦大学学院（University College London，UCL）是唯一提供人文教育类学位课程的机构。该校设有文理学士（Bachelor of Arts and Science，BASc）学位，鼓励学生在整个学习生涯中选择多学科的路径。有些人认为这类学位不利于就业，他们应该好好看看学生就业研究所（Institute for Student Employment）最近的一份报告；这份报告发现，在英国，只有26%的雇主对申请者实际取得的是哪种学位有具体要求。

职业

重新定义工作

从今以后，教育的终极目标将从过去数十年来的为雇主提供合格雇员转向对生活和人性的360度探索。"为了赚钱而学习"和"为了学习而学习"不是二元对立的。

如前所述，"专业化生存"的现代观念需要修正。一个人为了生存和积累而从事的活动不需要占用他的大部分时间，更不用说定义他是谁了。很多人以为传统社会的狩猎—采集者一直在为生存而奋斗，但即便是他们，实际上每周也只花两到三天的时间来获取食物，而且这被认为是一种节日或仪式，而不是一件苦差事。一个人一生中的大部分活动应该用来供养自己的观念，是现代资本主义造成的。

工作和休闲的区分并不总是那么严格。工作应该包括人类生活中所有具有生存或发展价值的活动——无论是有报酬的还是无报酬的，理论的还是实践的。例如，澳大利亚的野悠榕人（Yir-Yoront）土著部落仍然有"woq"这样一个词，指的是任何需要做的事情——无论是狩猎、仪式、娱乐还是生育。它结合了人类活动的众多领域,将它们视为一种统一的、相互关联的生活方式。历史学家菲利普·费尔南多-阿梅斯托提醒我们,在史前石器时代的社会里,"人们没有必要也没有机会把工作和休闲分开,或者允许任何阶级或性别单独享受休闲"。

同样地,博学家也不把他们的工作看作传统意义上的职业——他们通常会把他们的活动(有报酬的或无报酬的)称为"追求"、"项目"、"机会"、"冒险"或"创举"。他们证明了工作不是一件苦差事,而是一系列令人兴奋的冒险活动。然而,单一领域模型仍然是我们的社会公认的标准;我们仍然痴迷于让人们"找到他们的细分领域"并坚守它。我们的正式工作仍然是我们的整个存在被感知和定义的标签。

21 世纪的职业前景

我们工作的世界已经复杂到令人难以忍受的程度。职业的世界树生长过度,包括了大量的分支、子分支和细枝末节,每一个终端都代表一个职位。如今,职业和领域正在被重新定义。例如,"商人"这个相对古老的概念现在有了各种各样的新形式。最初,商人是作为一个阶层出现的,他们减轻了工匠或农民的商业负担,让他们专注于各自的技能,免于分心或承受压力。今天,商人以文学经纪人、艺术品经纪人、体育经纪人、演讲经纪人、房地产经纪人,甚至招聘经纪人的形式出现,所有人都认为自己与其他人截然不同。

迄今为止,在评估一个人的博学性时,我们考虑的都是传统的职业或成就领域,包括科学家、艺术家、运动员、音乐家、政治家、军人、作家、建筑师、医生、神父、诗人、律师、外交官,等等。这些领域确实是永不过时的。但是今天,新的领域出现了。在这些领域中,个人的发挥空间已经可以与传统领域相媲美。这无疑会影响21世纪博学的性质。

大多数新领域或新职业主要是信息时代和公司崛起的产物:破产执行人、管理顾问、公关代理、人力资源经理、客户服务代表、房地产开发商、物流经理和慈善协调员已经取代了那些业已灭绝的职业,比如廷臣、炼金术士、角斗士和信使。最近,我们见证了应用程序开发人员、人工智能工程师、社交媒体营销人员和数据科学家的出现,还有"电视真人秀明星"、"博客作家"、"王室权威人士"、"八卦专栏作家"和"社交名媛"。大卫·格雷伯(David Graeber)提出了所谓"垃圾工作"的概念,指的是那些毫无意义、没有社会价值的工作,目的只是让人们工作更长时间,使人们无暇去追求"他们自己的项目、娱乐、愿景和思想"。在这些新出现的职业中,有多少属于垃圾工作是值得讨论的。

此外,21世纪特有的职业和伴随着技术的指数增长出现的

第 6 章 系统变革

新职业,已经完全改变了职业的前景。这些职业在多大程度上能够被视为"不同的成就领域"、被添加到博学家的技能树中还值得商榷,但是至少可以成为候选项。当然,我们还经历了计算机化和岗位自动化的指数增长,其中大部分发生在工业革命之后。牛津大学学者弗雷和奥斯本进行的一项研究表明,即便是那些我们认为是安全的、以人为本的工作,也会面临自动化的风险:

> 19世纪,通过对任务进行简化,制造技术在很大程度上取代了熟练劳动力,而20世纪的计算机革命则导致中等收入的工作岗位空心化……历史上,计算机化一直局限于以明确规则为基础的常规任务,如今,大数据算法正迅速进入依赖模式识别的领域,可以轻松替代大量非常规认知任务中的劳动。此外,先进机器人的感官和灵活性正在增强,使它们能够执行更广泛的手工任务。这可能改变各行业和岗位的工作性质。

考虑到这一点,个人必须在职业和一般意义上的工作方法上拥有创造性,采用的方法必须为自主性、贡献和个人成长创造条件。我们必须牢记和坚持教育阶段形成的价值观、方法和理念。

因此，对于未来的博学家来说，现代职业生活中有三种可能的路径：连续的职业转换、同时的（组合的）职业和博学的职业。

职业转换

哈佛大学心理学家丹·吉尔伯特（Dan Gilbert）认为，我们所有人都有一种错觉，以为我们的个人历史已经走到了终点，我们现在是什么样的人，余生也应该是什么样的人。"人们低估了生活中的变化"，他提醒我们，生活中唯一不变的就是变化。"人类还在进步，却错误地以为自己已经完蛋了。"

我们的观点、心态、焦点和目标，无论黏性多强，都仍然是流动的。它们的本质是动态的和进化的，不可避免地会发生变化。正如吉尔伯特所说的："时间是一种强大的力量，它改变了我们的偏好，重塑了我们的价值观，改变了我们的个性。"由此可以推断出，在人生的不同阶段，我们很可能想要不同的东西。无论是爱、精神、运动、家庭、性、科技、物质财富、动物、旅行还是食物，我们的关注点和偏好都会随着年龄和环境的变化而变化。这主要是由我们大脑的内在可塑性决定的。考虑到这一点，至少在理论上，在人生中的任意阶段，人们都应该自由地追求对他们最重要的东西。

这不仅使我们的生活丰富多彩，也揭示了一个强有力的现实：博学的可能性始终存在。因此，对于经常换工作这件事，我们既不应该感到惊讶，也不应该不以为然。因为内在的天赋

第 6 章　系统变革

和兴趣是被某些知识和经验唤起的，我们永远不知道自己什么时候会被什么东西吸引，或者什么时候会获得什么样的技能和知识。阿尔贝特·施韦泽30多岁开始学医，北野武（Takeshi Kitano）40多岁拍摄了第一部故事片，泰戈尔60多岁发现了自己的绘画天赋，保罗·纽曼（Paul Newman）70多岁成为赛车冠军。对于博学家来说，年龄只是一个数字。

今天，在高度专业化的职场，人们越来越渴望职业转换。例如，在英国，大约每十个人中就有一个打算跳槽，这意味着有大约250万人正在考虑这样做。在20多岁的年轻人中，有51%的人已经对自己的职业选择感到后悔，准备另谋职业。此外，45%的英国劳动者正在考虑彻底转行。尽管这项研究是在经济衰退即将来临之际进行的，但经济衰退在职业生活中并不少见。如果有机会改变一件事情，25%的成年人会选择换一份工作。

虽然转行已经在大多数人的生活中成为现实，但是应该注意，拥有两份成功的、无关的职业不等于成为博学家；"博"的字面意思就是两个以上，很少有人能在三个或三个以上截然不同的领域拥有成功的职业生涯。此外，职业转换很难统计。例如，美国劳工统计局（Bureau of Labor Statistics）从未试图估算人们在职业生涯中转换职业的次数，因为很难确定什么是职业转换。对于博学家来说，领域和岗位的变化就是职业转换。

有些职业转换比较常见，虽然明显涉及不同的领域，但是转换的路径合情合理。士兵成为外交官，然后是政治家；时装模特成为演员，然后是制片人；运动员成为教练，然后是评论员。另外一些职业转换的路径揭示了这样一个事实：许多职业都是青春饭——比如运动员、歌手、演员和音乐家——开始得早，结束得也快，之后自然需要另谋职业。童星或神童可能小小年纪就取得了巨大的成就，但实际上很少有人成年后还能继续从事原来的职业。在《温室中的孩子：天才儿童的困境》(*Hothouse Kids: The Dilemma of the Gifted Child*)一书中，前神童艾莉森·夸克（Alison Quark）说明了这一点。

许多人在从事体育、娱乐和军事等典型的青春饭职业之后，会选择密切相关的其他职业——球员成为教练员或评论员，士兵成为军事顾问或间谍，电影导演成为制片人或编剧。

另外一种常见的趋势是：许多人在一个特定领域取得成功之后，会选择在相关领域创业；所以，医生、律师、工程师或记者后来都可以成为商人，这两种身份当然需要完全不同的技能。这是因为人们通常喜欢停留在熟悉的领域，或者当他们确实想要转换职业时，在他们自己的领域中机会是最多的。

这就是为什么领域内的博学家可能是最常见的，这些人在广义的领域内——如科学、体育或艺术——表现得多才多艺。像J.P.R.威廉姆斯（J.P.R. Williams）、苏格拉底（20世纪的巴西足球运动员，不是那位古希腊哲学家）、伊姆兰·汗（Imran

Khan)和乔治·福尔曼（George Foreman）这样的运动员是异类；无论是有意为之还是因为受到生活中某些重大变故的触动（死亡或疾病、精神觉醒、社会或政治原因），他们选择了全新的开始，抓住机会去追求完全不相关的兴趣。

对于有理想的博学家来说，在某一个特定领域取得成功可能是祝福，也可能是诅咒。一方面，成功给个人打上了烙印，将个人分门别类，使他们几乎不可能在其他领域获得机会。他们也受到职业屏障的阻拦——这是业内人士为保护每个职业而竖起的屏障，外人被视为业余人士，被排斥在屏障之外。另一方面，在某一领域取得成功所带来的金钱、关系、专业知识和机会，能够为许多其他原本不可企及的可能性敞开大门。

也就是说，一个领域的成功可以为其他多个领域的不断成功打下基础，形成良性循环。一个健美运动员或武术家可以摇身一变，成为好莱坞一线影星。然后，这个影星可能突然获得巨大的商机。经商获得的金钱和好莱坞明星的声望，可以在他参加政治竞选时发挥强有力的作用。这种现象被称为"优势积累"或"马太效应"。这就是为什么成功的商人会成为著名的慈善家和业余爱好者，著名歌手会获得领衔主演的机会，而他们的个人品牌能帮助他们成功开创自己的潮牌。

奥普拉·温弗瑞（Oprah Winfrey）是当今世界最具影响力的女星之一。她最初作为脱口秀主持人大获成功，后来成为一名演员，继而投身电影制作，又创办了其他企业，再然后投身慈善事业和社会运动（可能最终会竞选总统）。斯蒂芬·弗莱（Stephen Fry）凭借他的名气和公众形象（更不用说他毋庸置疑的才华）受到无数邀约，包括产品代言、客座编辑、电视节目、公众演讲、创业，以及其他各种与他的经验完全无关的项目。美国拳击手—音乐人—剧作家—学者朱莉·克罗克特承认："一切事物中都孕育着其他事物。"

马太效应对个人来说是一件好事，但是对社会或社区，它是造成社会经济不平等的主要原因——它将成功和成就局限于有限的一小群人，形成精英网络的恶性循环，网络中的每个人都对彼此的事业提供支持和促进。因此，毫不奇怪，世界历史上大部分博学家都来自（或最终加入了）精英阶层。他们当中一些人是机会主义者，另一些人是被迫加入这个体系的。

的确，大多数人觉得职业的极端转换（完全改变工作领域）令人望而生畏。对未知的恐惧战胜了好奇心。这种恐惧之所以存在，至少有部分原因是人们普遍认为，随着年龄的增长，我们的生产力、智力和创造力会下降。这导致我们对自己重新学习新东西的能力失去了信心。如果个人只有一个线性的、终身的职业，这种想法可能有正确的一面，但是这种假设不适用于那些追求多样化的人。

认知科学家曾经认为，随着年龄的增长，我们的大脑会失去适应变化的能力。现在，神经科学家发现，大脑在我们一生中都保持着一定的可塑性，在任何年龄都可以学会处理缺陷。

第 6 章 系统变革

心理学家基思·西蒙顿发现，随着年龄的增长，创造性产出确实会下降（这是由于单一职业的线性发展带来的收益递减），但是对于那些完全改变工作领域的人来说，这种趋势是可以消除甚至逆转的。对于人到中年仍然渴望探索自身另一面的专家来说，这是一个饱含希望的事实。

事实上，《未来简史》（*Homo Deus*）和《21世纪的21堂课》的作者尤瓦尔·赫拉利认为，每隔几年就重新定义自己不仅可能，而且是必需的：

> 为了适应2050年的世界，你不仅仅需要提出新创意、发明新产品——首先，你需要一次又一次地重新定义你自己。

生理、认知和环境的变化是不可避免的。这种变化意味着，人们可能会在生命中的不同时期展现他们的才华和兴趣，这一点也不值得大惊小怪。这样的转变可能是内部或外部经验的结果，可能是对环境的反应，也可能只是纯粹的冲动。一位律师在职业生涯的巅峰时段忽然对艺术史产生了热情，这没有什么好奇怪的。一位音乐家在50岁时报名数学课，或者在60岁时学做机械师，也没有什么不可能。马尔科姆·格拉德威尔在接受《企业家》（*Entrepreneur*）杂志采访时给出了一些有趣的建议：

潜 能

最重要的是，永远不要做出一个会限制你的选择的决定。自我概念具有很强的局限性。在定义自我的过程中，你可能会开始拒绝改变的机会。我觉得，如果你还没到 85 岁就这样做是非常愚蠢的。

组合职业

我们的职业身份不是一个在内心深处等待我们去发现的隐秘宝藏——相反，它包含许多的可能性……我们是由多面的自我组成的。

——埃米尼亚·伊瓦拉

进行多次职业转换是解锁内在博学性的一条途径；另一条途径是同时从事多种职业。今天，这种途径通常被称为"组合职业"，指的是在任意时间从事一组项目或工作。由于非竞争条款等因素，在同一领域同时工作几乎是不可能的，组合职业从业者常常跨越各种看似互不相关，却符合他们兴趣、能力和资格的领域。这在西方的中产阶层劳动者中是一种时髦的趋势，但是对于世界各地的底层劳动者来说，这实际上一直是必不可少的谋生手段。

特别是在发展中国家，为了养家糊口，人们必须非常机智灵活、富有创意。这就是为什么发展中国家的城市居民（无论是男性还是女性）经常同时从事多种工作。在亚的斯亚贝巴，

第 6 章　系统变革

你会遇到一个酒店接待员，他同时开出租车和售卖珠宝；在科伦坡，你会遇到一个救生员，他同时兼做街头艺人和网球教练。

生活在贫困线以下的人们必须富有企业家精神——他们不得不"招揽顾客"；他们必须将任何可能拥有的天赋货币化，无论是用厨房用具打鼓在街头卖艺，还是利用他们的人际关系和交易能力出售任何能够出手的物品。由于这类工作收入不高或不稳定，他们往往别无选择，只能同时从事多项工作，勉强维持生计。

有时候，鼓励组合职业的社会或制度会被贬斥为"零工经济"，并且与"缺乏工作安全感"和"雇主剥削"联系在一起。这种说法通常是正确的，所以这种职业路线应该是一种选择，而不是必需或规范。

不过，世界领先的管理思想家查尔斯·汉迪（Charles Handy）认为，在经济困难时期做一名组合工人是一种聪明的生存策略，因为这可以降低失业的风险。巴里·霍普森（Barrie Hopson）是《打造组合职业的 10 个步骤》（*10 Steps to Creating a Portfolio Career*）一书的作者之一。他证明，同时从事多份工作的生活方式能够为个人提供财务和职业上的安全网。他在研究中发现，与做全职员工时相比，大多数组合职业从业者在两年内就能从组合职业中赚到更多的钱；样本中只有 46 名组合职业从业者在过去两年中回归了单一职业。重要的是，所有

潜　能

参与者都表示，他们更喜欢这种职业选择，因为它让工作与生活更加和谐。的确，如上所述，对于生存来说，个人满足感与经济回报同样重要（对于有些人来说，甚至更重要）。

这并不奇怪。我们与生俱来的多面性渴望得到了满足。文化思想家罗曼·克兹纳里奇（Roman Kznaric）在《选择有灵魂的工作》（*How to Find Fulfilling Work*）中指出："同时从事几项职业是一种发展之道，也是在忠于我们多元化的自我。"当人们在某一特定领域花费过多的时间而感受到收益递减时，成就感就会遭到破坏。阿尔博赫（Alboher）的结论是，除了满足了对多样化的内在渴望之外，多份工作还能提供多种收入来源，"对于那些只追求一份收入的人来说，这是对抗倦怠的一剂良药"。

不同社会阶层以不同的方式采用组合职业。例如，名人（尤其是艺术界和娱乐界的名人）往往从事组合职业——有时候是因为他们享有优越的条件，可以自由地追求自己的兴趣爱好，但主要是因为在竞争激烈、动荡不安的行业中，这是一种必要的生存手段。例如，现在引领美国流行文化的是伦尼·克拉维茨（Lenny Kravitz）、威廉（Will-i-am）、杰米·福克斯（Jamie Foxx）、麦当娜（Madonna）、詹妮弗·洛佩兹（Jennifer Lopez）、唐纳德·格洛弗（Donald Glover）和法瑞尔·威廉姆斯（Pharrell Williams）等多才多艺的艺术家。他们在音乐、电影、时尚和商业领域都取得了成功。

他们的职业生涯如此丰富多彩，不一定是因为他们有条件

第 6 章 系统变革

想做什么就做什么（尽管有时候的确如此），而是因为他们意识到，娱乐业的魅力和财富总是短暂的，想要保持长盛不衰，创造力、企业家精神和多样化是最可靠的方式。实际上，他们当中的许多人致力于打造个人品牌，然后将其应用于广泛的商业活动——无论他们个人在这些活动中的参与度有多高。事实上，《连线》(*Wired*)杂志的联合创始人凯文·凯利（Kevin Kelly）说，一个创作者甚至不需要特别出名就能打造有利可图的自主品牌——只要有 1 000 个他们出什么就会买什么的忠实粉丝就够了，因为这些粉丝忠于的是个人，而不是特定的产品。因此，一个博学家可以把他的画、书、音乐、香水和时装卖给同样的粉丝，从而过上优裕的生活。

那么，组合职业适合你吗？这取决于你能否对工作抱持特定的心态。组合职业从业者与传统从业者有着不同的心态。他们并不把工作视为传统意义上的职业或专业，而是将他们的各种活动称为"追求"、"项目"、"机会"、"冒险"或"创举"。事实上，在工业化时代之前，"工作"(job)这个词本身只是指一项特定的任务，直到最近才演变为组织中的长期（或终身）角色，或者指全身心地投入某一个特定领域。

显然，"任务"的时间含义要比终身职业短暂得多，也就是说，任务的期限是非常灵活的，一个项目可能不会耗费整整一天、一周、一个月或一年。正是出于这个原因，卢克·约翰逊（Luke Johnson）喜欢称自己为"项目人"。这位连续创业的企业家的生活中囊括了电视制作、比萨业务、财务咨询和管理写作。正如自由撰稿人、顾问、艺术家或体育教练在全职工作中需要同时负责多个项目一样，组合职业从业者也需要这样做，只不过并不是所有的项目都围绕着一种职业，而是涉及不同领域，与不同的天赋和兴趣有关。

作为一个组合职业从业者，你会发现这种生活方式还有额外的优势。看似互不相关的领域之间的联系和协同，能够让你获益匪浅——你可以从一个项目中提取创意、关系和资源，来支持另一个项目。企业家—学者—慈善家阿奇姆·易卜拉欣不同程度地同时参与了大约40个项目，包括商业、慈善、学术机构和非营利组织。他说："我发现自己能够从不同项目中借鉴创意和策略，让其他项目更有效率。"

本杰明·邓拉普（Benjamin Dunlap）的日常工作涉及管理、亚洲文学、芭蕾和歌剧等领域。他发现这种生活方式"可以培养一种心态，让人发现事物背后意想不到的联系"；他认为，"天赋和兴趣会引导人们从事各种各样的活动，在这个过程中为他们创造本来不会遇到的机会"。邓拉普在自己的生活中经常发现，"表面上互不相关的活动结合在一起，会创造出意料之外的选择。从这个意义上说，有时候，作为一个任性的业余爱好者也是有利可图的"。

通过组合职业的方式，我们可以让内在的多面性在工作中茁壮成长。职业专家克兹纳里奇说，通过这种方式，我们"能够开发多面的自我,让我们的各种身份像花朵一样完全绽放"。在这个过程中,我们会发现意想不到的联系,并在多元化的追求中取得意想不到的创造性突破。

博学职业

当人们全身心地投入工作时,乐趣就会从工作中产生。

——约翰·罗斯金

伊桑巴德·金德姆·布鲁内尔(Isambard Kingdom Brunel)做了一辈子工程师。但是与大多数工程师不同,他运用自己的技能建造了许多截然不同的东西:桥梁[布里斯托尔(Bristol)的克利夫顿悬索桥(Clifton Suspension Bridge)]、隧道[泰晤士隧道(Thames Tunnel)]、蒸汽船(横渡大西洋的大不列颠号)、铁路网(壮观的大西部铁路)、建筑[伦基伊战地医院(Renkioi Hospital)]和造船厂。布鲁内尔的大部分设计都被认为极具创意和突破性,至今仍在使用。事实上,他被公认为现代历史上最伟大的工程师之一。

我们知道在历史上,博学家通常需要一个平台,即某种形式的社会或专业职位,为他们在多个领域的探索和贡献提供跳板。他们的岗位和核心职业本质上允许(或者要求)他们成为博学家。对于布鲁内尔来说,作为一名工程师就是如此。

过去,有些职业或工作场所鼓励多学科、跨学科,这本身就需要博学家,比如文艺复兴时期的威尼斯行会(绘画、雕塑、建筑和工程），以及科尔多瓦或巴格达的宫廷（文化、政治、学术）。如前所述，这种职位的典型例子是廷臣——当然有许多形式，比如西非的乐史官、阿拉伯的维齐尔和欧洲的绅士。

但是自启蒙运动以来，特别是在工业革命、社团主义和国家官僚主义兴起之后，王室宫廷（以及由此产生的博学的廷臣）成为过去，一个新的博学竞技场取代了它的位置。公司曾经是我们现在所处的高度专业化文化的催化剂，现在，公司本身正在成为一个充满活力的领域，就像科学和艺术领域一样，偶尔会产生自己的博学家。

今天，公司中至少有五个可能诞生博学家的潜在平台：

- 企业管理人员或首席执行官——那些在企业运营的各个方面（财务、会计、法律、营销和沟通、信息技术、业务开发、物流等）表现出娴熟技巧的人。
- 连续创业者，在截然不同的领域或行业创办不同的公司，积极参与（或领导）每项业务的成功运营，从而成为每个领域的专家。
- 风险投资家或天使投资人，作为投资者（主动或被动地）参与不同领域、不同类型的众多业务。
- 商业顾问，在战略层面为不同行业的公司提供咨询。
- 董事会成员，作为不同组织的董事会的执行或非执行成员。

第 6 章 系统变革

此外,查尔斯·汉迪还观察到一种趋势:越来越多的"临时经理"在不同的公司(无论是行业还是类型)之间频繁跳槽,在短暂的任职期内给一家公司带来重大的变革。普通员工则从旨在激发敬业精神的轮岗政策中受益。当然,这些公司通才中很少有人能够成为真正的博学家(博学家实际上是一个稀有物种,因为很少有人能够跨越从普通的"万事通"到博学家的界限),但是如果认为这样的平台不是通往博学的可行途径,那就大错特错了。事实上,畅销书《从 0 到 1》(*Zero to One*)的作者、企业家彼得·蒂尔(Peter Thiel)曾经指出,20 世纪最成功的商业领袖通常都是博学家:

> 许多世界级的企业家……不是专家,而是博学家。比如马克·扎克伯格,他对很多事情的理解令人惊叹……他谈论 Facebook 的产品细节、人们对社交媒体的看法、心理学、文化转型、公司管理……这些东西如何融入更广义的技术史……这更像是博学家的智慧……在过去 13~14 年中,我们在董事会的谈话就是这样天马行空、包罗万象。

其他职业平台也可以成为通往博学的途径。记者在职业生涯中可以将编辑或报道的焦点从金融转向音乐或宗教,政治家在职业生涯中可以担任多个部门(比如卫生、经济、艺术和文化、体育)的部长。但是,职业多样化不一定局限于领域内部。

相反，一个领域的专业技能可以通过各种各样的方式和渠道得到锻炼，这些渠道本身需要不同的认知能力和智慧。

事实上，无论什么职业，都既可以是单一的也可以是博学的——取决于心态和方法。一个职业、专业或知识领域无论多么具有博学的特征或潜质，都同样容易演变为一个高度专业化的平台。企业家可以专注于自己的业务，失去在陌生领域重新开始的冲动。哲学家可以（现在经常是这样）花一辈子的时间去深入研究哲学方法的一个方面，比如逻辑学或形而上学。记者可以在整个职业生涯只报道丹麦王室的相关新闻，绝无其他。

但事情不是必须如此：无论你是一个经济学家、律师、艺术家、物理学家还是政治家，你都可以先围绕相关主题展开阅读，参与相关的外围领域，通过整合多方面的信息增强你对核心领域的理解。职业也是如此：你必须相信你在主业之外的学习和追求最终会增进你对核心职业的理解，使你有更好的表现，而不是分散你的注意力。重要的是在多样性中找到统一性。所以，如果一个人的职业本身是博学的，那么终身从事这项职业就不再是一个问题了——用斯托里·马斯格雷夫的话说，工作本身就成了博学家的竞技场。简言之，博学的职业是确保在有限时间内取得最大、最多样化的成就，或者"一石多鸟"的好办法。

那些为了获得竞争优势而专业化的人会发现，博学才是获得竞争优势的最好的办法。这是因为竞争优势不一定是线性的。事实上，通过线性专业化进行竞争变得越来越困难，收益递减是不可避免的。竞争的最佳途径是创造性，而不是线性。面对痴迷于线性的机械化竞争的企业文化，史蒂夫·乔布斯曾经告诉他的员工："我们不能盯着竞争对手，说我们会做得更好；我们要看着他们，说我们会做些不一样的事情。"通过多元化来打造自己独一无二的专长，即使在专业化的环境中，你也能让自己与众不同。不要被别人归类；相反，要创造可以随意调整的、属于你自己的类别。这里有一个关键：找到适合你的职业并不意味着专业化。

归根结底，适合你的职业是一种身份的形式。人们总想找到自己独一无二的身份——博学是身份的最佳形式。它使个人与众不同，这种独特性是狂热追求专业化的专家所无法企及的。大多数人在很小的时候就决定了自己的身份，随后所做的一切都是为了强化这种身份，而不是去挑战和改进它。思想也是如此。但是身份在被发掘出来之前就已经存在了。正如一位优秀运动员曾经说的，为了雕刻一尊泥塑，你首先需要有一块黏土。举个例子，如果你对物理、经济和艺术等多元化的主题都有良好的理解，你可以为自己量身定制一个独一无二的专长——比如成为一个艺术品经销商，专门经营达利（Dali）的原子视觉艺术作品；或者将"比较原子物理和视觉艺术对第二次世界大战后美国经济的影响"作为博士研究课题。这样一来，你就利用多元化的力量打造了自己的专长。

想象三个圆圈，底下两个，顶上一个，相互重叠。三者相交的阴影区域就是由博学形成的专长。《如何在自己感兴趣的领域出类拔萃》一书的作者罗伯特·格林说："挖掘不同领域之间的区域，能够让你开辟出一条符合你自己兴趣爱好的、独一无二的职业路径。"他举了计算机科学家松冈容子的例子。松冈容子将她在运动、生理学、机械工程和神经学方面的兴趣和天赋结合起来，创造了一个新的跨学科领域——"神经机器人"。最适合你的职业往往处于多个看似互不相关的领域的交叉点上。格林的结论是，在任何特定领域，在成为大师的过程中，尽可能掌握更多的技能和不同形式的知识都是不可或缺的一部分："未来属于那些能够将各种形式的知识和技能结合起来的人。我采访过的所有当代大师都证明了这一点。"

高层的祝福？

对于任何思想，最常见的催化剂无疑是金钱（或者它的"配偶"——权力），这就是为什么多年以来，一直是富有、强大的赞助人在帮助维持着博学的传统。以前，这些人是专制君主、宗教家和学术权威，以及富有的商人，现在，他们以技术空想家、慈善家、企业高管、媒体大亨、名人和政府（代表）的身份出现——并非所有人都是出于善意。

今天，"当权者"包括社会中最强大、最有影响力的机构和角色：政府、公司（包括金融和技术公司）、司法体系、宗教机构、军队、媒体、企业家、慈善家、学术机构、受欢迎的名人（体育和娱乐明星），可能还有少数活动家。这些各行各业的领袖可以统称为"当代精英"。通常只有在达沃斯论坛嘉宾名单上的大佬们达成共识的情况下（无论是有意识地合作还是顺其自然的结果），一种思想或体系才能在全球范围内传播。

但是，正如法国历史学家儒勒·米什莱（Jules Michelet）指出的，历史往往是由群众的干预决定的。正如马尔科姆·格拉德威尔在畅销书《引爆流行》(*The Tipping Point*) 中说明的那样，思想并不总是有了自上而下的支持就能像野火一样蔓延。思想有自己的意志，有时候只需要一点催化剂、一个点燃火焰的火花。例如，维纳斯计划（Venus Project）就是一种通过社会结构的变革来释放人类潜能的现代思潮——建议用一套以资源为基础的制度来取代当前以金钱为基础的制度。这个计划设想个人将获得自由，不再为了谋生而去从事那些浪费天赋和兴趣的工作。不过，这个计划仍然只是一个小规模的、个人主导的倡议，从来没有大规模实现。因此，事实仍然是，除非当前以货币为基础的资本主义制度被取代，否则我们还是需要将希望寄托在富裕的个人和机构身上，指望他们相信和提升博学家的价值。

机遇

全球不平等正在加剧，这是一个悲哀的事实，但扭转这种不平等的机会也在增加。在人类历史上，媒体和技术的全球化第一次使越来越多的非专业人士获得了知识和机遇。今天，互联网和手机的普及率在全世界达到了前所未有的水平，书籍变得更便宜、更容易获取，大众教育和数字媒体等重要的知识传播途径取得了长足的发展。维基百科的创始人吉米·威尔士说："象牙塔里的学者、知识的高级祭司的经典形象已经被颠覆了……维基百科最令人着迷的一点是，它使人们认识到社会中的天才比原本以为的多得多。"

今天，（在个人层面上）商业、艺术和知识方面的自主性比历史上任何时候都要高。这体现在中小企业、公民社会团体、独立电影制片人、唱片公司、电视新闻频道、报纸和出版商数量的显著增加上，其中很多都是自筹资金、反体制、不遵循传统模式的。

此外，人工智能、机器人、控制论、生物技术、纳米技术、物联网、脑—脑接口、虚拟现实、3D打印和生物医学工程等变革性技术呈指数发展，这些技术都有可能增加人类知识，提升人类能力。正如著名神经学家米格尔·尼科莱利斯所说的："我们可以吸收技术，使其成为我们的一部分，而技术永远不可能吸收我们，因为这是不可能的。"这是一个机会，只要我们好好利用它。

第 6 章 系统变革

为未来编程

全世界最杰出的技术博学家之一雷·库日韦尔是一个超人类主义者。他相信,在 21 世纪不久的将来,我们许多人在有生之年将经历人类进化的下一阶段,或许也是最后的阶段。这将是人类超越有机生物的转折点。这就是所谓的奇点。在不久的将来,超级智能机器将(通过纳米技术)以脑机接口的形式与我们的生物结构融为一体,使我们从本质上成为半人半机器。

库日韦尔认为,到 21 世纪 30 年代,纳米机器人将与生物神经元互动,通过在神经系统内部创造虚拟现实,极大地扩展人类体验。数十亿纳米机器人被注射进大脑的毛细血管,将极大地提升人类的智力。标准的生物智能与机器智能融合,意味着人类将能够开发多种认知技能,以极高的速度和效率处理大量信息。他说:"通过将我们的大脑新皮质扩展到云端,我们的创新能力将得到显著的提升,从而进入众多的领域。"由此,博学的能力将被提高到前所未有的水平。

目前,我们的大脑新皮质中有 3 亿个新皮质模块,大脑的这个区域负责我们所谓的思考。这些模块中的每一个都可以学习、识别和记忆一种模式。模块本身连接成复杂的层次结构,新皮质根据我们自己的思维创造了这些层次结构。但是,随着超级智能纳米机器人进入我们的神经系统,游戏规则改变了。

潜　能

库日韦尔解释了这种逻辑：

> 还记得上一次我们的大脑新皮质增加时发生了什么吗？我们成为了人类，进化出前额叶。我们发明了语言、艺术和科学。当我们将新皮质扩展到云端，结果将增加额外的抽象层级，带来比我们今天的艺术和技术更深奥的表达方式。这种扩展不再受到固定外壳（我们的头骨）的限制，而是会使用比大脑快数百万倍的信息处理基质。它将以指数方式自由增长，最终将我们的智慧提升十亿倍（这就是我对"奇点"的定义）。

对奇点的极端预测相信，这种"后人类"将是永生的，拥有可替换的基因和10万万亿个突触，以及多重并行的现实。这是一种几乎无法想象的现实，但是从超人类主义科学家如火如荼的运动看来，有什么不能相信的呢？库日韦尔认为："我们可以根据需要在云端分享我们的新皮质扩展，也可以根据需要把它们留给自己，从而保持我们的个性。"他坚信，这将使我们比今天更加独一无二，而不是变成同质的机器人。他声称，这就是博学的未来。

未来是否属于这些"博学的半机器人"是有争议的。一些受人尊敬的科学家，比如物理学家斯蒂芬·霍金认为这样的前景是科学事实，而不是科学幻想；但是另外一些受人尊敬的认

第6章 系统变革

知科学家和神经科学家，如诺姆·乔姆斯基（Noam Chomsky）和米格尔·尼科莱利斯则对此持保留意见。无论如何，有一个事实是非常清楚的：我们需要根本性的改变，让人类的头脑本身发挥作用。神经科学领域的重大进展必须优先考虑人类头脑的优化，而不是发展超级智能机器。为什么这很重要？因为最终负责为机器编程的是人类的头脑！

机器学习正迅速成为人类学习的迷人替代品。今天，人工智能的发展比人类智能的培育得到了更多的资源和关注。然而在未来若干年，为了通过编程让机器获得我们希望它们拥有的价值观，让未来的超级智能系统成为建设性而不是破坏性的力量，人类的头脑将可能面临我们这个物种有史以来最大的责任与挑战。牛津大学人类未来研究所的安德森·桑德伯格强调："在未来几十年里，我们必须创造出反映人类价值观的代码。"我们必须了解问题的紧迫性。历史学家和未来学家尤瓦尔·诺亚·赫拉利说："如果我们打算对此采取行动，那么现在就应该动手。30年后就太迟了。"

但是，应该由谁来决定这些核心价值观呢？谁来决定什么才是对现实最准确的描述？谁有资格决定我们整个物种的命运？为此，我们自己需要更好地理解世界内在的复杂性。虽然博学不一定关乎道德，但是它肯定能够帮助我们获得更清晰的视野。博学可能不是客观性的最终保障，但是可以作为实现这一目标的有效途径。

潜 能

那么，我们是想成为某种介于杰森·伯恩（Jason Bourne）和终结者之间的存在，还是成为经过优化的真正的人类？如果答案是后者，我们就必须将我们的认知和意识提高到一个新的层次。事实上，未来的主人不是半机器人或超级智能机器（它们可能是主人的帮手），而是那些拥有远见、创造力和关键智能的人。这些人能够决定如何在人类的进化过程中最好地发挥机器的作用，并为它们编制相应的程序。所以，博学是我们最大的希望。"我不认为机器能解决大问题，但是在机器的帮助下，人类能。"神经科学家丹尼尔·列维京（Daniel Levitin）说。

不过，影响未来的甚至不是那些为机器编程的人，而是那些为人类编程的人。我会说，人类应该为自己编程。本书旨在引发这场认知革命，让每个人——冈比亚的企业家、挪威的农民、美国的母亲、玻利维亚的士兵和中国的商人——最终都能在未来拥有自己的一席之地。

第 7 章

21世纪的博学家

潜 能

> 博学家是濒危物种，不过尚未灭绝。
>
> ——彼得·伯克，《知识社会史》
> (A Social History of Knowledge)

颠覆者的先锋

今天，与过去的博学型哲学家联系最紧密的是公共知识分子，他们的声望来自对一系列主题发表评论，而不限于其中某一个主题。哲学家 A.C. 格雷林（A.C. Grayling）说："公共知识分子的本质是对许多事物抱持有意义的整体观点。这需要广泛的兴趣和全面的视角。"虽然许多人都顶着这个头衔，但是只有真正的公共知识分子才是真正的博学家。正如我们看到的，本质上，博学的复杂性和多样性源自多样化的文化、宗教和政治传统。例如，斯洛文尼亚左翼人士斯拉沃热·齐泽克（Slavoj Žižek）在精神分析、神学、歌剧、政治、存在主义哲学、社会学和电影理论方面著述颇丰。英国保守主义者罗杰·斯克鲁顿除了小说和歌剧外，还写过各种主题的书，包括美学、哲学、音乐、政治、建筑、狩猎、动物权利、性和生态学。

第 7 章 21 世纪的博学家

GDI Impuls 杂志发布了一份世界顶尖思想家的权威名单。该杂志的编辑称,这个世界对专家如此着迷,以至于前 100 名中没有一个人能够被归为博学家。名单上唯一的博学家是瓦茨拉夫·斯米尔,排名第 155 位。斯米尔著述颇丰,是比尔·盖茨最喜欢的作家。他的作品主题涵盖经济、历史、能源、食品、金属和环境。与他类似的还有贾雷德·戴蒙德,后者综合运用他在语言学、生物学、生理学、地理学、人类学、动物学和社会学方面的专长,来解释人类历史的演进模式——获奖畅销书《枪炮、病菌与钢铁》(*Guns, Germs, and Steel*)展示了他的博学多才。虽然学术机构和出版商对专家的需求很大,但是像斯米尔和戴蒙德这样的知识分子仍然在挑战极限。他们的成功和突破证明了跨学科方法的价值。

当今许多科学界的博学家经常来自信息技术和人工智能领域,这些领域需要他们对解剖学、神经生物学、认知心理学、机械工程、计算机编程、量子物理、语言学和数学等多元化(以及相互关联)的科学领域有深入的了解。理想的人工智能本质上是科学的综合体。2005 年,技术学家和未来学家雷·库日韦尔在开创性的《奇点临近》一书中将这些学科结合在一起,预测了未来信息技术的指数式发展。埃隆·马斯克(Elon Musk)是一位连续创业家,利用自己在太阳能、汽车、太空旅行、神经技术和数字货币交易等不同科学、技术和工程领域的知识创办了多家成功的公司。

潜 能

艺术——视觉、文学和表演——一直是博学家的乐土，因为它们提供了多种创造性的表达方式。齐亚卜、安德拉德和泰戈尔都是全能艺术家的典型代表。今天有许多人顶着这个头衔，但是真正名副其实的寥寥可数。真正的全能艺术家包括美国的鲍勃·迪伦（Bob Dylan），他不仅是当今最受欢迎的音乐家、歌手和诗人之一，还是一位颇有造诣的画家；还有琼尼·米歇尔（Joni Mitchell），她擅长绘画、音乐、诗歌和编舞（芭蕾舞）。好莱坞演员维戈·莫滕森（Viggo Mortensen）曾主演过《指环王》（*The Lord of the Rings*）和《暴力史》（*A History of Violence*）等大片。他是一位出色的作曲家，曾经参与过《指环王》的配乐；也是一位画家，在国际上展出过自己的作品；还是一位通晓多种语言的诗人，出版过好几种语言的诗集。

正如谷克多、帕索里尼、帕克斯（Parks）、雷和阿巴斯在20世纪所展示的那样，电影可以成为博学家的舞台。导演大卫·林奇（David Lynch）被誉为"现代美国电影界的文艺复兴人"，他是毫无争议的流行超现实主义之父。他的银幕杰作包括《象人》(*Elephant Man*)、《沙丘》(*Dune*)、《蓝丝绒》(*Blue Velvet*)和《穆赫兰道》(*Mulholland Drive*)。他还是一位颇有成就的画家、雕塑家、摄影师、编剧、作曲家、布景设计师和演员，还写过一本关于超验冥想对创造力的影响的佳作。

在日本，北野武的职业生涯开始于表演单口相声，但他很快就将注意力转向电影制作，拍摄了《花火》等影片。在一次摩托车事故后，北野武开始画画，他的作品被结集出版，在画廊展出，也被用在专辑封面和电影中。北野武还是一位高产的诗人、影评人、理论家和作家，他的几部小说后来被改编成电影。除此以外，他还是流行电子游戏的设计师和电视谈话节目的主持人。

在西方社会，妇女解放的历史还不长，长期存在的性别偏见虽然正在减少，但是仍然随处可见。尽管如此，还是有一些女性在兴趣和天赋的驱使下，在众多领域崭露头角。我们看到女性学者和活动家的崛起，比如波多黎各学者和社会活动家安东尼娅·达德尔（Antonia Darder）。她对教育理论和教育史做出了卓越的贡献，也是一位优秀的画家和诗人。印度活动家纳妲娜·希瓦（Vandana Shiva）拥有科学背景，是气候变化、人权和性别问题等多项事业的拥护者（和专家）。许多妇女也在商业和科学领域取得了巨大的成就。例如，非洲裔美国人梅·杰米森（Mae Jemison）最初是一位舞蹈家，后来成为工程师、医生、NASA 的宇航员和科技企业家。

与当代博学家对话

诺姆·乔姆斯基

麻省理工学院的语言学和哲学教授诺姆·乔姆斯基是当代

博学家的一个典型例子。他是有史以来被引用次数最多的知识分子之一，最惊人的是，他在至少四个截然不同的学术领域的被引用次数几乎是均等的。他写了超过150本书，涵盖了从句法语言学、认知科学、思维哲学、思想史、数学到社会学和政治学等各种主题。在他作品所涉的每一个领域，他都被认为是世界级的权威。今天，乔姆斯基是全世界最受欢迎的公开演讲者之一，虽然有些人认为他的政治立场存在争议，但是连他的批评者也承认，他是当今最重要的公共知识分子之一。

当被问及他认为谁是历史上最伟大的博学家时，他没有选择任何一位欧洲启蒙运动时期的伟大人物。相反，他选择了一个经营报摊、连四年级都没毕业的叔叔。他说，他是我见过的知识面最广的人之一。

> 我在一个移民社区长大——20世纪30年代的犹太工人阶级社区。这个社区的大部分人都是雇佣劳动者，文化水平很高。他们都是失业工人，有些人甚至没上过中学，但是他们会谈论布达佩斯弦乐四重奏乐团的最后一场音乐会、莎士比亚的戏剧，会谈论弗洛伊德和斯特克尔（Steckel）的差别，当然还会谈论你能想到的所有政治派别。这是一种活跃的知识分子生活，被认为是劳动人民的常态。

第 7 章　21 世纪的博学家

乔姆斯基说，甚至在他自己的人生中也有一个阶段，在这个阶段跨领域的探索和贡献被认为是正常的。这种活动并不限于高水平的学术界。"这一点也不奇怪，也没有人觉得这样就算博学多识。这些只是一个受过教育的人关心的正常问题，现在却被划分为不同的职业。"讽刺的是，虽然今天的外行人只需动动手指就能获得无限的信息，但百科全书式的通才在几十年前的日常社会中却比今天更常见。乔姆斯基说："比如，对维多利亚时代普通英国人的阅读习惯进行考察，结果会令你大跌眼镜。"乔纳森·罗斯在《英国工人阶级的文化生活》一书中描述的正是这种外行人的博学多识。

乔姆斯基认为，看似互不相关的学科都有一个与创造力和追求自由的本能相关的联系点，"在专业化之前的日子里，这种本能被认为是正常的"。他说："语言的核心——这是笛卡儿哲学的核心——是一种创造能力，它能够产生和表达新思想，这些新思想能够被其他人理解，而不受外部或内部刺激的控制。这是一个创造性社会的核心，也是心智存在的主要标准。"

乔姆斯基解释了为什么某些博学家在过去得到了权威的支持。他说："没有人反对博学家，只要他们顺从主流学说。"赞助人（君主、大学）之所以以廷臣或大学教授的形式，为历史上的博学家提供平台，是因为他们没有扰乱现状。实际上，他们通常还通过自己的工作帮助赞助人巩固了现状。只要他们基本上符合主流意识形态的需要，博学家不仅会得到容忍，还会受到鼓励。相反，如果他们超越了这个界限，情况就不一样了，他们就成了"死脑筋，你不知道你在说什么"。可能正是出于这个原因，像达·芬奇这样的博学家——没有反对观点的雇员——能够在雇主手下蓬勃发展。

乔姆斯基认为，博学在当今社会具有重要价值，为了个人和社会的进步，博学的心态应该被欣然接受。"我认为对人们来说，无论是木工还是量子物理，不要被一门手艺或一个问题束缚住手脚是非常重要的。人们应该参与到与他人和社会相关的事务中，他们应该从其他知识和文化成就中受益，并为之做出贡献。"他再次重申，"事实上，就在不久之前，这还被认为是非常正常的。"

乔姆斯基说，无论何时，好奇心、开放的思想和批判性思维都是博学心态的重要属性。博学是"一种开放的、探询的心态和简单的美德：诚实、开放、正直、努力工作……追求自己的兴趣，敢于质疑教条，关注严肃的讨论。过去如此，现在仍然如此。现在我们称这样的人是跨学科人才，两个世纪以前的人只是称他们为有文化的人。"

斯托里·马斯格雷夫

斯托里·马斯格雷夫的职业生涯始于美国特种部队，他在服役期间还当过机械工程师和飞行员。他驾驶160架不同类型的民用和军用飞机飞行了 17 700 小时，进行过 800 多次跳伞——其中 100 多次是作为一项人类空气动力学研究的一部分。在此期间，他还接受了临床外科医生和生理学家方面的训练。

然后，马斯格雷夫成为 NASA 的一名宇航员。在 30 年的职业生涯中，他进行过六次航天飞行，在挑战者号的首次飞行中完成了第一次太空行走，为一架天文探测器导航，并执行过两项美国国防部的机密任务。他是哈勃太空望远镜维修任务中太空行走部分的负责人，在最后一次飞行中，他在哥伦比亚号上负责操作一个用于制造卫星的电子芯片。

退休给了他进一步大展拳脚的机会。如今，他不仅是一名景观设计师，还经营着一家棕榈农场和雕塑公司。他是华特·迪士尼幻想工程公司（Walt Disney Imagineering）的概念艺术家、应用思维公司（Applied Minds）的创意设计师和加利福尼亚州艺术中心设计学院（Art Center College of Design）的设计教授。作为一个狂热的业余爱好者，他下过国际象棋，参加过摔跤比赛，画过许多素描和速写，还写过很多诗。

他拥有数学、计算机科学、化学、医学、生理学、文学和心理学七个学位，还拥有 20 个荣誉博士学位。他承认："从来没有人称我为博学家，不过经常有人称我为文艺复兴人。"事实上，在流行生活方式门户网站 AskMen.com 的评选中，他被评为全球顶级"当代文艺复兴人"。在这项评选中，诺姆·乔姆斯基、乔纳森·米勒（Jonathan Miller）和内森·梅尔沃德等人都榜上有名。

马斯格雷夫丰富多彩的生活源于一种特定的心态。对他来说，一切都受到好奇心的驱使：

> 好奇心是一种纯粹的情感、纯粹的能量；没有日程表，没有预期回报，好奇心就是好奇心，只要你活着并与宇宙互动，它就会存在。它是一条道路上意想不到的岔路口，通往想象中的、未知的目的地。回报会不期而至。

他认为，对于博学家来说，好奇心和想象力是密不可分的：

> 好奇心和想象力是旅途中不能分开的伙伴。想象力永远在工作；它能够感知到的现在和未来的任何部分都不是空白。如果真的存在虚无或未知，想象力会有意识地创造一种虚构的可能性来填补它。在探索的道路上，随着真凭实据的积累，想象力会更新对这种可能性的看法，并将好奇心引向新的道路。

我向他介绍博学家的概念，在说到所谓博学家指的是那些精通多个互不相关的领域的人时，他礼貌地用一个反问打断了我："但它们真的是互不相关的吗？"他的意思是，一切都是相互关联的。马斯格雷夫无疑是充满创造力和多才多艺的，但是让他成为博学家的是整体论的世界观。马斯格雷夫谈到宇宙

第 7 章　21 世纪的博学家

的统一性是多么令人着迷，并坚称宇宙中的一切都是相互联系的："没有什么是互不相关的。不同学科或生活的不同方面之间不存在界限。我们必须明白，我们来自同一个宇宙，一切都是相互联系的。"当然，作为一名修理过哈勃太空望远镜的宇航员，他有资格谈论宇宙。他说："从太空俯视地球，你会更有大局意识。"从这样的视角看去，一切事物之间的联系（至少是概念上的）会变得更加明显。

从宇航员的身份退役后，马斯格雷夫参与了一些看似不太可能的项目，比如奥运会滑冰和迪士尼主题公园。但是他认为："技能是可以在不同学科之间转移的。例如，操作农业机械和设计迪士尼乐园的娱乐设施之间、奥运会滑冰和太空行走之间有明显的相似之处。"

他相信，在今天高度专业化的文化占据主导地位的情况下，博学显得尤为重要。"人们喜欢把人分门别类，有必要打破这些条条框框。"他就是这样做的。"你不能将我归类，我拒绝被归类。"他认为，对于有志于成为博学家、拥有多种兴趣和技能的人来说，以新技术为中心的经济是一个机会。"实际上，由于全球化的影响，如今的博学家比以往任何时候都要多，我们只是从未这样称呼他们而已。"

他说，现在，企业高管比以往任何时候都更需要掌握一系列技能，拥有在多个领域积累的丰富知识。即使你从一个"竞技场"（以职位或职业的形式）开始职业生涯也是如此。"比如，军队就是我探索自己在生理学、工程、航空和跳伞方面兴趣的竞技场。"他认为,今天的企业领导者必须利用他们的"竞技场"来培养博学的技能。

马斯格雷夫渴望拥抱新体验,这为他创造了意想不到的机遇。他的态度是"拥抱一切,我是两栖动物,我是混血儿,我什么都想要……艺不压身。你掌握的一切都陪伴着你。你的未来会用到你的过去,用到你掌握的每一项技能。"所以,当他得到NASA的工作时,他知道这是博学的天堂,是他的"竞技场"。他想:"这份工作会用到你一生中曾经做过的一切。"作为宇航员,他作为机械工程师、飞行员、军人和医生的技能都能派上用场——这是他梦寐以求的。"这就是博学。"他给大众的建议很简单:"走上竞技场,做好准备,因为生活总是出人意料的。你不知道未来会发生什么。"

赛义德·侯赛因·纳斯尔

赛义德·侯赛因·纳斯尔被休斯顿·史密斯(Huston Smith)誉为"我们时代最重要的思想家之一",他是少数仍然在世的、真正遵循伊斯兰黄金时代博学传统的学者之一。他是全能哲学家的典范。他从小就被认为是数学天才,后来在麻省理工学院学习地质学和物理学,并获得了科学史博士学位。他25岁出版了第一本书,30岁成为哈佛大学的全职教授。他对"为什么"而不是"怎么做"更感兴趣,正是这种探求将他带入了哲

第 7 章　21 世纪的博学家

学和神秘主义的世界。

在成为世界上许多宗教的专家之后,他很快被公认为"永恒哲学"的世界级权威,并成为唯一入选"在世哲学家名录"(The Library of Living Philosophers)的穆斯林。作为一名伊斯兰学者,他写过关于《古兰经》、伊斯兰宇宙观和伊斯兰律法的专著。作为一名艺术史学家,他出版过关于东方艺术的书籍。

纳斯尔通晓多种语言,能用英语、法语、波斯语、阿拉伯语、西班牙语和德语会话和写作。他还出版过英语和波斯语诗集。他现在是乔治·华盛顿大学(The George Washington University)的伊斯兰研究教授。他的著作《伊斯兰的科学与文明》(Science and Civilization in Islam)熔伊斯兰宇宙学、哲学、神学、历史、炼金术、物理、数学、天文学、医学和神秘主义于一炉。他的《伊斯兰哲学史》(History of Islamic Philosophy)被认为是同类著作中内容最广泛、最全面的。

纳斯尔显然拥有非凡的一般智力,他拥有成为博学家的双重动机:好奇心和统一性。他说:"我对知识的渴望从来没有局限于一个特定的领域。我热爱知识本身——不是为了名利,也不是为了帮助穷人。我想知道一切,从我还是个孩子的时候起,知识就令我兴奋——这是我的天性。"随着我们步入成年,好奇心往往会逐渐消失。但是纳斯尔却没有。"那种驱使我去寻找的渴望始终存在。我总是不满足——学了法语并不意味着我就不需要再学习另一种语言。这是促使我不断追寻的能量来源。"

想象力、智慧和多才多艺使纳斯尔能够满足他的好奇心，探索许多不同的知识领域并有所建树。但是，最终让他成为真正的博学家的是他对统一性的追求。"我天生是个哲学家，在我的头脑中，知识不能以一系列孤立的形式存在，就像一个抽屉放着袜子、另一个抽屉放着内衣那样。"

他在伊斯兰的精神和知识传统中找到了对各种法则加以综合的框架。"我花了很多时间，试图找到一种能够容纳所有这些东西的世界观。然后我回归伊斯兰思想，发现'认主独一'（完整性和统一性）正是这种哲学的充分表达，它让我以完全忠实于自己的方式整合我所有的知识。"他认为，现代哲学通常无法理解全球化的、相互联系的世界：

> 无论是理性主义还是反理性主义，所有的现代哲学流派都有一个共同的特点：它们无法为所有形式的知识提供全球视野。盎格鲁-撒克逊哲学——实证主义和分析主义——已经将哲学简化为一种逻辑游戏，失去了博学家应有的将不同学科结合起来的大局观。我不相信文艺复兴以后西方世界的任何哲学流派有能力做到这一点。还原论在西方思想中如此根深蒂固，以至于要在哲学上看到不同学科之间的相互依存是非常困难的。

第7章 21世纪的博学家

饶宗颐

饶宗颐遵循中国学者—艺术家的文人传统,毋庸置疑是当代最杰出的中国博学家之一。他在很大程度上是自学成才的,几乎对汉学的各个方面都有贡献,在艺术和人文领域取得了重要的学术突破。他是著名的诗人、书法家和音乐家,还曾经在香港大学、新加坡国立大学、耶鲁大学等著名学府执教,教授历史、文献学、中文、文学和美术。

他的学术贡献包括80多部著作和900多篇文章,涉及古文字学、敦煌研究、考古学、金石学、历史编撰、词源学、音乐史、宗教史、《楚辞》、目录学和地方志研究等不同领域。他的艺术成就同样惊人,出版了20多本诗词集,在东亚各地展出过视觉艺术作品(包括绘画和书法)。他还通晓多种语言,精通中世纪梵语。

饶宗颐受到中国古代哲学传统的启发,采取了一种博学的治学方法。"'通人'是中国历史上与'博学'相关的一种文化或哲学概念。"这个概念最早是由司马迁在《史记》中明确提出的。饶宗颐说:"当一个人非常博学时,就被称为'通人'。他能够理解历史的各种变化,在此基础上对科学和人文的各种主题展开研究。"

饶宗颐指责西方化导致了中国文化中博学性的消亡。

> 只是在过去三十年里,随着西方对中国文化的影

响急剧增加,博学才开始衰落。来自西方的自称专家的毕业生占据了主导地位。然而,由于他们关于中国传统文化的基础知识相对狭隘和不足,即使在他们宣称的领域,他们通常也不能成为真正的专家。

好奇心、融合性和统一性是饶宗颐博学性的主要特征。"对我来说,所有不同的领域实际上都是相互关联的,因为它们都与人类心灵的各种活动有关。博学的心灵是非常天真和专注的,对各种文化和知识充满好奇和勇气,在艺术和科学上追求创造性。"

饶宗颐认为,一些学术研究项目的规模矮化了个人天赋的多样性:"大学和研究机构这样的地方,允许更多的学术研究自由将有助于培养博学性。例如,应该在人文学科中支持更加个性化的小型研究项目,而不是把大部分注意力放在获得大量资助的大型和团队项目上。"香港大学最近建立了旨在支持博学人才培养的饶宗颐学术馆,他将作为 21 世纪最伟大的博学家之一被载入史册。

本杰明·邓拉普

本杰明·邓拉普是 TED 认可的真正的博学家和全世界"五十大杰出人物"之一。虽然他不像名单上的其他一些人〔包括比尔·克林顿(Bill Clinton)和理查德·布兰森(Richard Branson)〕那么出名,但是这不会削弱他的影响力。作为一名一流的学者,邓拉普曾在牛津大学和哈佛大学接受教育,后来成为沃福德学院(Wofford College)的文科教授。他的专长包括从思想史到印度、泰国和日本研究。

他还是艺术、电影和文学方面的专家,作家(小说、诗歌、歌剧剧本),前芭蕾舞演员和电影制片人。学者们往往专注于自己的研究,邓拉普却把教学放在优先位置。他因为这方面的贡献获得了无数奖项。他还经常主持阿斯彭研究所(Aspen Institute)举办的讨论会。

从孩提时代起,邓拉普就表现出博学的倾向。"我好像从一出生就一只脚踩着油门,花了好长时间才找到刹车——我相信,如果我出生在现在,会被注射镇静剂。咖啡因和巧克力就是我的药物。"邓拉普现在80岁了,仍然有着世界级的幽默感,随着年龄的增长,他没有打算专攻任何领域。"我希望死亡意味着进一步的多样化,不过我担心它是一种非常狭隘的专业化的形式。"

邓拉普生来就有永不满足的好奇心,非常热爱学习。"我爱学习,不过,坦率地说,对我来说重点在于爱——也就是说,我的求知欲基本上是由情感驱动的。"或者,正如威廉·布莱克所说的:"精力充沛是永恒的快乐。正是这种精力——某种情感能量——推动着我的好奇心。"

邓拉普是美国著名文理学院之一——沃福德学院的前院长。他的教育理念是,在一个日益专业化和复杂化的世界里,

潜能

多元化的教育使人们能够在不同领域之间建立重要的联系。"随着我们的社会变得越来越复杂，再加上人们倾向于从越来越年轻的时候起就变得越来越专业化，因此，综合性的思维习惯无疑具有重要的价值。事实上，建立联系的艺术可能是我们这个物种不可或缺的生存特征。正是出于这个原因，我非常确信，有必要在学习的各个阶段开展广泛的人文教育。"

他指出，（主要是美国的）学院或大学课程应该"以传授一般知识和发展一般智力为目标，而不是专注于专业、职业或技术课程"。

邓拉普思想的特征是将点连成线，这在很大程度上受到了历史上的博学家们的启发。"我被神秘的、出乎意料的联系吸引，有点像托马斯·布朗爵士，我认为他的思想影响了我……古希腊也让我着迷，我最喜欢的希腊思想家（除了荷马）是赫拉克利特（Heraclitus）。对一些人来说，这么说就很能说明问题了——对立统一，对不对？你永远不知道事物是如何组合在一起的，但是发现线索总能带来快乐。"

对邓拉普来说，博学本质上是一种"专业组合"——从一种高强度的活动转到另一种。"完全投入一项任务就像谈恋爱。最危险的是，一个人可能过于亢奋，忽略了必要的间歇期。"这就是终身专业化的陷阱。人们如果过于专注，就会落入这种陷阱。他坚持，在每一次高强度的投入期之间，应该有一段休息时间或间歇期，即使很短暂。邓拉普认为，这段时间是融会贯通、建立联系的时期（尽管是下意识地）。"间歇期不仅仅是停顿——它就像一粒神秘种子的萌芽，虽然现在还看不见，但是绝对蕴含着无限生机。"

邓拉普认识到，犬儒主义一直是博学家面临的最大挑战之一，尤其是在专业化的社会中。

> 现在有一种倾向——即便是真正的博学家也会面临肤浅的指责，这可能是因为人们更愿意认同一个人在某一领域，而不是许多领域的卓越表现。但是，事实上，像威廉·莫里斯这样多才多艺的典范在许多领域都有出色的表现。评论家经常会抓住他的次要成就，忽略其他的一切。也就是说，虽然从亚里士多德和卢梭到杰斐逊和特斯拉，博学家在他们从事的几乎所有活动上都拥有非凡的天赋，但是有些人似乎本能地认为，涉猎广泛必然是肤浅的标志。

丹尼尔·列维京

丹尼尔·列维京是一位跨学科的学者和传播者。在斯坦福大学，他曾在计算机科学、心理学、人类学、计算机音乐以及科学史等院系任教。现在，他是位于加拿大魁北克省蒙特利尔的麦吉尔大学（McGill University）的心理学、行为神经科学和音乐教授，也是密涅瓦大学（Minerva Schools at KGI）艺术和人文学院院长。他在写作神经科学论文、创作音乐和发明设备之间切换自如。他还是畅销书《迷恋音乐的脑》(*This Is Your Brain on Music*)和《有序》(*The Organized Mind*)的作者。

列维京一直兴趣广泛,但是面临着来自社会和教育界的排斥,大多数博学家在专业化时代都经历过这种排斥。"直到我进入研究生院,我的兴趣才被接受了,我的导师告诉我这么做没问题。但是我的同龄人认为这样很奇怪,他们现在可能还是这么想的。"列维京认为,至少在一定程度上,这种心态可以用专业化的压力来解释,因为学术界认为专业化是获得科学成果的更有效的方式。

> 今天的科学似乎是对时间和精力的极大消耗,至少我所从事的部分是这样——人们只能做一件事情,每周工作80小时。他们认为我花在制作唱片、创作和表演音乐、写书等方面的时间是可耻的,因为它们远离了我真正的工作。

但是正如我们所见,这种心态起源于一种过时的职场意识形态。这种意识形态一方面源自工业生产,另一方面源自笛卡儿的演绎法。正如列维京自己证明的,实际上,不同的人是以不同的方式实现效率和生产力的。他说:"从心理学的角度来看,人们有不同的生存方式和工作方式。人类的经验各不相同,我们每个人都是独一无二的。对有些人来说,接触世界的方方面面对于有效地做任何事情都是必要的。他们如果只专注于一件事，就不会有那么高的效率。"列维京自己就是这样的人：

> 如果我的工作要求我只能关注一件事，无论是什么工作，我不认为我能做好，我不是那样的人……我不认为如果我投入双倍的精力，或者放弃其他事情，就能够把手头的事情做得更好，我会功能失调——我无法保持警觉、快乐和专注。以写作为例，我喜欢写作，但也有个限度。大多数时候，幸运的话，我不会花超过两到三个小时来写作。

说出这句话的人有三本书连续登上《纽约时报》畅销书排行榜。所以，专业化与生产力或天才无关。正如列维京指出的："鲍比·麦克菲林（Bobby McFerrin）只精通一个领域，而斯汀（Sting）和鲍勃·格尔多夫（Bob Geldof）更博学——这并不能决定他们谁能创作出更多的音乐作品。"因此，博学家没有生产力的论调只是一个神话。"有些人是专才，力争在一件事情上做到完美，并且坚持到底。在我从事的领域，完成最后的 10% 通常需要九倍于达到前 90% 的时间——这真的很浪费时间。"

无论如何，将生产力和效率作为人类追求的更高目标已经过时了。世界现在关心的是关于未来重大问题的重要答案。

在这方面——正如本书中的世界顶尖思想家们反复强调的那样——博学是关键所在。一些评论谈到了博学对我们的未来是不可或缺的，列维京对此做出了回应：

> 21 世纪，博学家的价值与日俱增，因为全世界的重大问题——比如财富分配不平等、种族主义和偏见、恐怖主义威胁、气候变化——从单一学科视角出发是无法解决的。如果这些问题有简单的答案，那它们早就被解决了。仅凭政治科学家、外交家或经济学家不能解决这些问题……专家团队中至少需要有一个拥有广泛专业知识的人，来消除不同领域之间的隔阂。

阿肖克·贾纳维·普拉萨德

如果博学家要在纯粹的学术环境中证明自己，那么阿肖克·贾纳维·普拉萨德（Ashok Jahnavi Prasad）就是其中的典范。他可能是当世取得最为多元化的学术资质的学者——他的学历跨越多个学科领域，而且超出了科学的范畴。他拥有 5 个博士学位（真正的博士学位，而不是荣誉博士）和 10 个硕士学位，其中大多数是在 35 岁之前从剑桥大学、牛津大学和哈佛大学等世界顶级学术机构获得的。他还在世界各地的几个研究中心担任全职教授。

第 7 章　21 世纪的博学家

普拉萨德是一位科学领域的博学家，他的学位涉及医学、儿科学、病理学、临床遗传学、外科学、公共卫生、地理学、生物学、数学、心理学和航空医学。他的主要科学贡献包括在 γ-氨基丁酸、2-丙戊酸钠和躁狂症之间建立了联系，从而找到一种比锂剂更加安全的替代品；有一种综合征以他的名字命名，这种疾病将桥本甲状腺炎与躁狂症联系起来。他还拥有人文学科的高级学位：包括历史、人类学和法律。

普拉萨德现在过着隐居生活，正是由于这个原因，他没有蜚声世界。当被问及是什么促使他去取得这些五花八门的学位时，他给出了一个真正的整体论思想家的答案："我不确定我的兴趣是不是有那么多样化，它们全都以某种方式彼此相关。"他说，他的核心兴趣是精神病学，他的许多其他兴趣都来源于此。"我后来明白，精神病学是医学的一个分支，它包含各个维度——人文、社会、人类学、科学、基因和法律……由此，我得出明确的结论：必须对既定的正统观念发起挑战，为了获得真正的理解，必须从所有的角度来看待我们的专业。"他向所有想要全面深入了解自己专业的专家推荐这个方法："通过充分了解其他学科来寻求你所在领域的答案，是非常健康的，实际上也是必需的。"

普拉萨德认为，博学家本质上是"准备挑战既定正统观念的探询者"。不过，他回忆了自己在挑战现状的过程中被边缘化的经历。对于他学术上的越轨，其他人的反应包括了从困惑到怨恨。他说，大多数同事对他是"尊重和支持的，但是也有一些人感觉受到了威胁，甚至用不正当的手段来诋毁他"。然后，像大多数博学的天才一样，他也不可避免地被贴上了标签："总的来说，我被贴上了怪人的标签。"

内森·梅尔沃德

内森·梅尔沃德说："我猜有些人只有某个地方会发痒，而我是浑身发痒。时不时地给各处搔搔痒，感觉好极了。"内森·梅尔沃德的职业生涯开始于剑桥大学，他在剑桥大学应用数学与理论物理系做博士后，师从斯蒂芬·霍金。然后，他加入了微软公司，创办了微软研究院，成为公司的首席战略师和首席技术官。

对于梅尔沃德来说，拥有世界上最重要的技术地位还远远不够。他仍然心痒难耐。在微软工作了14年后，他从微软退休，创办了专利投资和发明公司——高智发明公司（Intellectual Ventures），现在这家公司已经成为发明领域的全球领导者。该公司拥有95 000项专利资产，覆盖50多个技术领域。洛厄尔·伍德（Lowell Wood）是团队中的一员，几年前他超过托马斯·爱迪生，成为美国历史上最高产的发明家。梅尔沃德积累了大量财富，这使得他可以把时间花在各种看似无关却令他着迷的项目上：

> 我的职业生涯一帆风顺。所以现在，我可以真正

第 7 章　21 世纪的博学家

追随我的好奇心，深入研究任何我觉得有趣的课题。我最近的研究包括超材料、小儿麻痹症的流行病学、面包烘焙的科学和历史、小行星的热模拟、恐龙的生长率，以及一系列其他课题。

梅尔沃德不是外行人。他的 TED 简介对他的描述是他是一个"专业的万事通"。他是世界烧烤锦标赛冠军团队的成员，是 2 500 页、6 卷本的《现代主义烹调》(*Modernist Cuisine*)一书的主要作者，这本书获得了两项詹姆斯·比尔德奖（James Beard Awards）。他还是一名获奖的野生动物摄影师，曾多次到世界各地的火山和考古遗址探险。他发表了许多天文学和古生物学方面的科学论文，并且作为地外文明探索（SETI）协会和其他项目的主要赞助人，被认为是美国最重要的科学赞助人之一。

梅尔沃德是不肯墨守成规的"怪人"的典范。尽管在职业生涯的早期，他曾经在一些权威组织中担任过重要职位——例如，在剑桥大学师从斯蒂芬·霍金和在微软担任首席技术官——但是他觉得自己必须挣脱束缚。对于博学家来说，这样的环境可能让他们感到幽闭恐怖。作为一名专家，获得高水平的认可往往伴随着保持领先地位的压力和责任。对大多数人来说，这意味着专心致志、全力以赴。"我想我的选择是拒绝随波逐流，不让自己失去广泛的兴趣。"他说，"如果你的兴趣是追求知识,你就必须在一定程度上蔑视社会规范。"对梅尔沃德来说,忠于自己内在的天性是最重要的。他决定听从内心的召唤。

他承认,将注意力分散到不同领域显然会有负面影响;但是他相信,这样做的重要优势在于,它能让你从一个全新的、有用的角度进入各个领域。他说:"我把在对专利诉讼趋势进行计量分析时学到的统计技术应用到天文学和古生物学上,证明了这些领域的顶尖研究人员在某些局部使用的传统方法存在严重缺陷。"

梅尔沃德以局外人的身份进入所有的领域。"在某种意义上,至少在纸面上,对于我真正做过的每一份工作我都是没有资质的……专家们付出了巨大的个人代价才获得这些知识,往往厌恶或抵制新人带来的思想。因此,作为一个新人,我有时候发现自己必须反抗这种偏见,才能获得公平的发言权,表达自己的想法。"这是专家们对自己的学科严防死守的典型案例。然而梅尔沃德是一位批判性思考者,他既依赖特定领域的知识,也依赖一般的智力和常识。

此外,作为我们这个时代最高产的发明家之一,梅尔沃德无疑有资格谈论创意的起源:"在我们公司举办的发明研讨会上,我或者其他发明家将来自截然不同的领域的创意应用于自己的领域,做出别出心裁的发明,这种情况是相当常见的。"这支持了贯穿本书的观点,即创造性突破是跨学科联系的产物，也与无数其他人的观点不谋而合。

作为全球领先的发明公司高智发明公司的首席执行官，梅尔沃德的职业无疑是博学的——这份职业要求他对不同的创意和项目进行综合，代码转换和认知转换也很重要：

> 对我来说，经常要在一天之内从事六个不同领域的工作。部分原因是作为首席执行官，我的公司业务涉及广泛的学科，所以一天之内，我可能要会见流行病学家、材料科学家，然后是摄影团队，然后是专业厨师，还要在会面的间隙从事我的天文学和古生物学研究。因为我对这些事情中的每一件都很感兴趣，并且经常参与其中，所以进行切换并不是那么困难。

梅尔沃德坚定地认为，有些职业本质上就需要博学家的投入。"在解决问题、学习和创新能力至关重要的专业领域，拥有广泛的兴趣和知识是很有用的。"最后，他对21世纪将产生博学家的数量表示乐观。"对博学家来说，这是最好的世纪。历史上从来没有过这么方便的途径，你可以获取所有的人类知识，无论你对什么感兴趣，你都能与志同道合的人建立联系。感谢互联网上的海量信息，它使学习新领域几乎毫无障碍。"

第 8 章

未来的主人

潜 能

意识仍然是生命最大的谜团之一。这在科学上和哲学上都被认为是一个难题。几千年来，哲学家、神秘主义者和诗人分别对它进行了研究，现在又有物理学家、神经科学家和神学家加入这个行列。物理学家认为答案在于量子力学，神经科学家认为答案在于脑干，神学家认为答案在于形而上学。或许，真正的答案在于上述所有因素的综合。又或许以上答案都不对。当不同的专家通过各自的一维透镜来研究如此复杂、如此多维的现象时，我们怎么可能知道答案呢？我们是应该建立一个自我驱动的跨学科专家小组，还是应该在一个单一的、多维的头脑——一个艺术家、科学家和唯心论者的头脑——中解决这个问题？我们有多少这样的人？

难怪博学家一直是历史的主要塑造者，也难怪他们将不可避免地继续塑造未来。他们始终是唯一能够为多维问题提供多维解决方案的物种。他们对社会的价值一直是不可或缺的，也将永远如此。

对个人来说，博学的价值已经非常清楚了。人类天生就是多面的，只有各个方面（甚至全部方面）都得到充分发展，才能达到最优和自我实现。至关重要的是，博学家体现了人类生存（多样化）、认识世界（统一性）和进步（创造性）所需要的最重要的特征。更普遍地说，博学能够使人过上更有趣、更充实的生活，对事物有更深刻的见解，做出更明智的决定。

博学鼓励多维的、整体的思维，从而增进人们彼此之间的理解，鼓励人类的多样性和普遍性。它带来了思维过程和生活方式的重大变化，在某种程度上（至少是潜在地），使人们在短暂的一生中获得的经验、知识和成就最大化。最重要的是，博学意味着获得更广泛的知识和技能；由于知识就是力量，因此博学是社会和知识解放的强有力手段。

所以，你还在等什么？时机已经成熟。你有潜能，有需要表达的感情，有必须与世界分享的思想。或许，就像意识一样，你有一位等待你去探索的"缪斯"。现在，你必须用一切可能的方法把愿景变成现实。它是一部电影的主题、一幅画描绘的对象、一部小说的情节，还是一首乐曲的灵感？它能帮助你发明新的产品、设备或手机应用程序吗？它能通过企业、慈善机构或社会运动进行传播吗？一切皆有可能。

这些只是我们现有的探索和表达渠道。要把愿景变成现实，你需要调动和运用所有已经拥有的认知工具，并不断获取和开发其他认知工具。当你的知识或技能出现空缺时，与那些更有资质的人合作，并向他们学习。在竭尽全力追求梦想时，要忠于你的愿景、你的感受，最终忠于你多面的自我。在外人看来，你可能是个怪人。事实上，人类本应如此。

在我们看来，全球化和奇点都是进步的、乌托邦式的愿景，它们的推动者将不可避免地继续成为最大受益者。事实上，他们当中的许多人本身就是博学家。但是我们作为普通人，必须最大限度地利用这个机会，尽可能实现我们自己的知识自主和社会自主。有了技术、企业家精神和思想交流，在个人层面独立地做出改变是极有可能的，就像无数自学成才者、车库创业公司、独立电影制作人、博客作者、科技创业公司所做到的那样。如果我们每个人都能以自己的方式发挥自己的独特性，未来的权力格局就会发生重大的改变。我们可以创造一种以充分实现人类潜能为核心的新文化。

事实上，无孔不入的专业化体系让你对这个世界和你在其中的位置一无所知。这样一来，别人就可以从知识上和经济上剥削你。它会使你背叛天生的多面性，禁锢你多样化的表达方式。它阻碍你以自由、开放的最佳方式使用自己的头脑，剥夺了你为人类做出独一无二的贡献的机会。最重要的是，它不允许你作为完整的自己存在。谢天谢地，还有另一条道路。

Polymath: Unlocking the Power of Human Versatility by Waqās Ahmed

ISBN: 9781119508489

Copyright © 2018 by Waqās Ahmed

All Rights Reserved. This translation published under license. Authorized translation from the English language edition, published by John Wiley & Sons Limited. No part of this book may be reproduced in any form without the written permission of the original copyright holders.

Copies of this book sold without a Wiley sticker on the cover are unauthorized and illegal.

本书中文简体字版专有翻译出版权由 John Wiley & Sons Limited 授予中国人民大学出版社。未经许可，不得以任何手段和形式复制或抄袭本书内容。

本书封底贴有 Wiley 防伪标签，无标签者不得销售。

图书在版编目（CIP）数据

潜能 /（英）瓦卡斯·艾哈迈德著；唐奇译. -- 北京：中国人民大学出版社，2024.4
ISBN 978-7-300-32674-0

Ⅰ. ①潜… Ⅱ. ①瓦… ②唐… Ⅲ. ①思维方法－研究 Ⅳ. ① B80

中国国家版本馆 CIP 数据核字（2024）第 064589 号

潜能

［英］瓦卡斯·艾哈迈德（Waqās Ahmed） 著
唐　奇 译
Qianneng

出版发行	中国人民大学出版社		
社　　址	北京中关村大街 31 号	邮政编码	100080
电　　话	010-62511242（总编室）		010-62511770（质管部）
	010-82501766（邮购部）		010-62514148（门市部）
	010-62515195（发行公司）		010-62515275（盗版举报）
网　　址	http://www.crup.com.cn		
经　　销	新华书店		
印　　刷	北京宏伟双华印刷有限公司		
开　　本	890 mm × 1240 mm　1/32	版　次	2024 年 4 月第 1 版
印　　张	10 插页 2	印　次	2024 年 4 月第 1 次印刷
字　　数	184 000	定　价	79.00 元

版权所有　　侵权必究　　印装差错　　负责调换